Rockabilly

Rockabilly

Manuel López Poy

MA
NON
TROPPO

MA
NON
TROPPO

Un sello de Redbook ediciones
Indústria 11 (pol. Ind. Buvisa)
08329 Teià (barcelona)
info@redbookediciones.com
www.redbookediciones.com

Diseño de cubierta: Regina Richling
Diseño interior: César Muñoz

ISBN: 978-84-15256-77-9
Depósito legal: B-15.014-2015

Impreso por SAGRAFIC
Plaza Urquinaona 14, 7º-3ª
08010 Barcelona

Impreso en España - *Printed in Spain*

Índice

Introducción

Precisando términos

Mucho más allá de adentrarse en un género musical, contar la historia del rock and roll y el rockabilly es tanto como explicar los cimientos originales de uno de los mayores fenómenos culturales de masas que ha vivido el mundo en toda su historia, porque la eclosión del rock 'n' roll supone un antes y un después en los hábitos sociales, las formas de consumo cultural e incluso en la forma de plantear el diálogo intergeneracional.

A mediados de los años cincuenta, los Estados Unidos y el llamado mundo occidental vivían una época en la que se pretendía olvidar el trauma de la Segunda Guerra Mundial reconvirtiéndola en la Guerra Fría que dividía el planeta en dos bloques antagónicos que se enfrentaban en Corea, mientras la industrialización crecía a marchas forzadas para alimentar a una creciente sociedad de consumo, o más bien, consumista. El crecimiento demográfico y el acceso a una oferta de ocio desconocida hasta el momento, crearon unas pautas de comportamiento distintas entre unos jóvenes con ansias de renovación a los que el rock and roll trajo algo más que una nueva forma de escuchar música y divertirse. Fue la primera vez que los jóvenes tuvieron algo que les proporcionaba una seña de identidad propia y diferenciada de la de sus padres o sus abuelos. Y eso se convirtió en un fenómeno social universal que marcó la cultura popular del siglo XX.

Las bebidas, las motos, los pantalones vaqueros, la minifalda, el baile, las juergas de fin de semana, el cine, la televisión... todo cambió desde que el mundo conoció algo llamado rock, un sonido y una expresión propias de una sociedad urbana. Pero ¿de qué hablamos y cómo le llamamos? Aunque todos los términos hablan del mismo concepto y del mismo fenómeno musical y cultural, la norma mayoritariamente aceptada es que «rock and roll», o «rock 'n' roll», hacen referencia a la música originaria creada entre los primeros años cincuenta y el principio de la década de los sesenta (y sus secuelas e imitaciones directas), mientras que «rock & roll» o «rock», son expresiones que abarcan todo el abanico de géneros y subgéneros, que va desde esos orígenes en los cincuenta hasta la fecha de hoy. Y, por fin, «rockabilly» es la denominación del primer subgénero del rock and roll, nacido a partir de una contracción de las palabras *rock* y *hillbilly*, ésta última una variedad del country. Y éstas son las formas que usaremos en esta obra. Para ceñirnos a las siempre parcas definiciones del diccionario de la Real Academia, *rock and roll* es un «género musical de ritmo muy marcado, derivado de la mezcla de diversos estilos del folclore estadounidense, y popularizado desde la década» y también «Baile que se ejecuta con esta música». El otro término al que se refiere el diccionario es *rock* y a las dos definiciones anteriores añade: «Cada uno de los diversos estilos musicales derivados del rock and roll». Por cierto, *rock & roll* no viene en el diccionario de la RAE, que sin embargo sí acepta el término *rocanrol*, palabra que no usaremos en este libro. Que su nombre provenga de la confluencia de dos términos: *rock* (un movimiento cadencioso hacia adelante y hacia atrás, tipo mecedora) y *roll* (un balanceo de abajo arriba, tipo aleteo de los aviones) tampoco nos saca de muchos apuros, aparte de darnos una idea del ritmo de baile.

Decía Muddy Waters que «el blues tuvo un hijo y le llamaron rock & roll» y esa sigue siendo la mejor definición para una música que supuso la confluencia entre el mundo cultural negro y el blanco de Estados Unidos. La parte negra puso la evolución final de un proceso en el que el blues, el gospel, el zydeco, el boogie woggie y el doo-wop se encajaron en el rhythm & blues y la parte blanca puso el country, el western y el hillbilly, aderezados con gotas de ritmos hawaianos. Y de la agitación de esa coctelera nace un género musical que trasciende y supera a todos los anteriores. Ese parto musical se produce de forma evolutiva pero vertiginosa, en el plazo de cuatro o cinco años, a finales de la década de los cincuenta, dejando un eterno debate sobre quién grabó el primer disco o quién fue el auténtico padrino que lo bautizó.

En este libro haremos un recorrido por la historia del primer y original rock and roll, que aunque tuvo su época de esplendor en la segunda mitad de los años cincuenta y los primeros años de los sesenta, nunca ha desaparecido, teniendo una importante recuperación en los ochenta y sobreviviendo con renovadas aportaciones hasta el día de hoy. Junto a un listado alfabético que recoge las bandas y cantantes más representativos de los pioneros, creadores y herederos del rock and roll y el rockabilly, se incluye también un resumen de su historia social y cultural, que nos aproximará a las circunstancias que marcaron el nacimiento, declive y recuperación del género. Como información adicional se ofrece una lista de artistas que contribuyeron a difundirlo en el mundo de habla hispana, una personal guía de discos recomendados y un listado de los programas, discográficas y festivales que contribuyeron decisivamente a la implantación y vertiginosa difusión del rock 'n' roll. La intención es servir de herramienta para que se acerquen al género quienes por juventud o por distintas preferencias musicales sean legos en sus intimidades, y a la vez como manual de consulta para los aficionados al género. Como siempre, nos ponemos en manos del lector.

★

1. La historia de un género y su cultura

Un nuevo estilo de vida

En el verano de 1951, la guerra de Corea es la pesadilla de miles de jóvenes norteamericanos y la Guerra Fría marca la vida cotidiana en medio de una creciente fiebre anticomunista, que unos meses antes había llevado a la silla eléctrica al matrimonio Rosenberg, acusados de ser espías de la Unión Soviética. Por esos días en los cines triunfa *Un americano en París*, Jack Kerouac acaba la novela *On the Road* y se inventan los transistores, unos pequeños artilugios electrónicos que permitirán fabricar aparatos de radio más pequeños y potentes y allanarán el camino a los futuros ordenadores electrónicos. Pero por el momento el soporte musical son los discos, y el single más vendido ese verano es «Rocket 88», una canción de Jackie Preston and His Delta Cats, que viene a ser lo mismo que la banda de Ike Turner. Es un rhythm & blues evolucionado, en el que muchos han visto el primer síntoma del cambio que se avecina en la música y la cultura del país.

Los Estados Unidos son un país seguro de sí mismo, que ha salido de la Segunda Guerra Mundial convertido en la primera potencia política, y sobre todo económica, mundial. Mientras en el Pacífico y el desierto de Nevada las pruebas nucleares se suceden una de tras otra, Norteamérica vive una época de expansión económica sin precedentes que afecta sobre todo a las clases medias y se crea un nuevo estilo de vida que será conocido y publicitado como el *american way of live* (el estilo de vida americano), que se traduce en un aumento del consumo fomentado por una creciente industria publicitaria. Todo toma proporciones desmesuradas, ostentosas como los enormes cadillacs, pachards o buicks, los enormes y llamativos coches que son el sueño del americano medio, mientras los grandes frigoríficos rivalizan como electrodoméstico favorito con la televisión, que en 1953 llega a más de la mitad de los hogares. El cine se convierte en una industria de masas y la radio llega a prácticamente todos los hogares, incluso los más pobres. Pero además, en los bares, cafés, heladerías y todo tipo de establecimientos de ocio comienza a reinar un aparato, la *jukebox*, la máquina de discos en la que suenan los nuevos discos de vinilo de 45 rpm, más baratos y duraderos. Por si faltara algo, los tocadiscos se vuelven cada vez más asequibles y la industria musical tiene que abastecer cada día a más publico joven, ansioso por llevarse a casa los éxitos del momento. Unos éxitos que, por cierto, se miden en una revista llamada *Billboard*, en la que un joven periodista llamado Jerry Wexler ha acuñado un nuevo género, llamado rhythm & blues, que entusiasma por igual a la juventud blanca y a la negra.

Será en el cruce de caminos entre el viejo blues, el gospel, el rhythm & blues y el country que se escuchan en las tabernas de los pueblos o los barracones de la periferia de las grandes ciudades, donde germinará el sonido que vendrá a revolucionar el universo juvenil, el rock and roll. Curiosamente, el nacimiento y posterior éxito de una música con raíces mayoritariamente negras se produjo en una época de gran conflictividad racial. En la primera mitad de los años cincuenta la tensión entre las comunidades blanca y negra aumentó de forma significativa en los estados del Sur, en los que estaba incluida la ciudad que alumbró el rock, Memphis. Tras la Segunda Guerra Mundial miles de afroamericanos volvieron a sus hogares después de haber combatido codo a codo con sus compatriotas blancos, para descubrir que si había habido alguna integración racial, se había quedado allí, en las trincheras de Europa o el Pacífico. Y algo parecido sucedió con los negros que habían emigrado a las ciudades para trabajar en la gran industria bélica y que vieron como sus puestos de trabajo peligraban por la competencia de los excombatientes blancos. Bajo el *american way of life* se ocultaba también la realidad de un clase baja en la que negros y blancos estaban condenados a coexistir. A esos *white trash* (basura blanca), nombre con el que se conocía a los blancos pobres y marginales que vivían y trabajaban con los negros, pertenecían buena parte de los pioneros del rock 'n' roll. Jóvenes como Elvis Presley, Jerry Lee Lewis, Carl Perkins, Buddy Holly o los hermanos Burnette, nacidos entre 1932 y 1936, los años finales de la Gran Depresión, cuyas familias emigraron del campo a la ciudad para instalarse en los barrios más duros y más pobres, en los que los primeros *rockers* adquirieron el halo duro e incluso delictivo que rodeó a muchos de ellos y donde conocieron de primera mano la música de raíz afroamericana.

El rock, la música urbana por excelencia, fue creado y moldeado por chicos que habían nacido en el campo y habían emigrado a la ciudad. Sus raíces geográficas explican sus orígenes musicales en géneros populares blancos como el country, el country-western o el hillbilly, y su posición social justifica la influencia del blues, el gospel y el ryhthm & blues hecho por los afroamericanos, con los que compartían la escuela y la iglesia. De hecho, en la selección personal de discos de Elvis, o al menos la que pasa por serlo para los millones de turistas que cada año visitan su casa de Graceland, hay abundancia de gospel y blues y en numerosas ocasiones el propio artista manifestó su respeto y admiración por Arthur Cudrup, el creador original de «That's All Right», y otros bluesmen como Big Bill Broonzy o BB King, a los que acudía a ver a los garitos del barrio negro de Memphis, igual que hacían otros jóvenes como Carl Perkins, los hermanos Burnette o Jerry Lee Lewis, en su Louisiana natal.

En la generalización del consumo de música negra también fue fundamental el papel del medio de difusión por excelencia, la radio, que por aquel entonces todavía le llevaba mucha ventaja a la televisión. La osadía de las pequeñas emisoras locales dirigidas en principio al público blanco, que comenzaron a emitir música negra, básicamente doo-wop y rhythm & blues, cada vez con más aceptación, forzó a las cadenas y emisoras estatales a hacer lo propio. Desde principios de los años cincuenta, la popularidad de los músicos negros entre los jóvenes blancos va en aumento y una cuarta parte de los discos más vendidos son de artistas afroamericanos. En 1951, el show de Ed Sullivan lleva por primera vez un músico afroamericano a un programa de televisión: Bo Diddley. La gran puerta de entrada a los hogares americanos está abierta de par en par para la música negra. Pero si hay alguien responsable de la expansión de la música de origen afroamericano es Alan Freed, un disck jockey que en junio de 1951 creó un programa para emitir conciertos en directo, cuyo título era *Moondog's Rock 'n' roll Party*, rebautizando así al rhythm and blues para quitarle la connotación racial y para muchos, peyorativa. El éxito del programa es tal que el 21 de marzo de 1952, en Cleveland, una multitud de personas, formada indistintamente por blancos y negros, echó abajo las puertas de entrada para poder entrar al *Moondog Coronation Ball*, un concierto organizado por Freed, que, entre otros muchos, tiene el dudoso honor de ser responsable del primer desorden público de la historia del rock, aunque todavía se llamase rhythm & blues.

Además del poder de convocatoria de Alan Freed, estos hechos revelaban el espíritu inconformista de una generación que manejaba un nuevo concepto: la independencia juvenil. Por primera vez en la historia, una nueva generación tenía señas de identidad propias y diferenciadas de las de sus padres y además se habían convertido en una importante masa de consumidores, o como dijo Dick Clark, el director del programa de televisión *Americand Bandstand* y uno de los personajes que más partido económico sacó al rock and roll: «*Los jóvenes tenían su propia música, su propia moda, su propio dinero*». El terreno estaba abonado para la aparición del mayor fenómeno cultural del siglo XX.

El reloj se pone en marcha

El 14 de abril de 1954, un músico de 28 años con una larga carrera a sus espaldas, Bill Haley, graba acompañado por su banda, los Comets, la canción «Rock Around the Clock». A pesar de ser el primer rock oficial, el tema no es nuevo y ya había sido grabado antes sin mayor éxito por una banda llamada Sonny Dae and His Knights. Es más, el propio Haley era un experto en el trasvase del rhythm & blues al rock and roll con temas como «Rock the Join», grabado en 1951, o «Crazy Man, Crazy», en 1953, con los que había obtenido una repercusión modesta. Pero esta vez la canción tiene un ingrediente nuevo: es la música que suena al principio de la película *Blackboard Jungle (Semilla de maldad)*, sobre las imágenes de unos jóvenes gamberros a la entrada de un instituto. La película se convierte en un éxito mundial y lleva la fiebre del rock and roll hasta el último rincón de país primero y del entonces llamado mundo occidental, después. Se trata del primer precedente de marketing y publicidad subliminal, cuando todavía no se conocía ninguno de los dos conceptos. El fenómeno fue impactante para la tranquila sociedad de los cincuenta: los adolescentes la bailaban en los pasillos de los cines con una insolencia similar a la de los rebeldes estudiantes que salían en la película y la canción se convirtió en número uno de las listas de éxitos, vendiendo millones de copias.

Tres meses después de que el sello Decca lanzase el tema de Bill Haley, una modesta discográfica de Memphis, Sun Records, saca al mercado, «That's All Right», el primer sencillo de un joven de dieciocho años llamado Elvis Presley. El tema era un blues de Arthur Cudrup, un músico prácticamente desconocido en aquel momento, y tres años antes había sido grabada por una de las más grandes blueswoman, Big Mama Thorton, sin que fuese más allá del publico negro aficionado al rhythm & blues. La versión de Elvis vendió inicialmente unas veinte mil copias en la zona geográfica próxima a Memphis, donde dio los primeros conciertos que le proporcionaron una fama que crecía de forma vertiginosa. En noviembre de 1955, la discográfica RCA compró a Sun el contrato de Elvis por treinta y cinco mil dólares y el futuro Rey del Rock pasaba de ser una prometedora novedad en el área de influencia de las discográficas y las emisoras de Memphis a convertirse en una imparable estrella, primero en el ámbito nacional y en pocos meses también mundial. El reloj del rock and roll que había puesto en marcha Haley avanzaba a todo ritmo y comenzaba a convertirse en una poderosa industria musical. Entre 1954 y 1956 salen al mercado los primeros discos de Carl Perkins, Jerry Lee Lewis, Little Richard, Brenda Lee o Gene

Vincent, por citar sólo a los más destacados. Son jóvenes, osados, atractivos y no se parecen a nada que se haya visto en el mundo del espectáculo hasta entonces. Los jóvenes de todo el país comienzan a imitarlos y cada adolescente sueña con convertirse en una estrella del rock.

A pesar de la buena acogida que tenía entre los jóvenes y adolescentes, la resistencia de las grandes emisoras de radio al avance del rock, al que consideraban una música perniciosa para la juventud, fue inicialmente feroz, pero eso significaba renunciar a una fuente de dólares en imparable aumento y al final la industria musical se lanzó alborozada en brazos de la nueva música. Programas de gran arraigo en la música country, como *Grand Ole Opry* o el *Louisiana Hayrider* cogieron las primeras grabaciones y actuaciones de las futuras estrellas del rock and roll. Pero uno de los factores fundamentales para explicar la inusitada explosión del rock and roll es la televisión, que a mediados de los años cincuenta llegaba a casi dos tercios de los hogares de Norteamérica. Programas como *Big D. Jamboree*, que programa hillbilly desde 1946, o *American Bandstand*, que se había estrenado en 1952, consiguen audiencias millonarias programando conciertos en directo y convierten a sus presentadores Ed McLemore y Dick Clark en estrellas nacionales. Pero la palma se la lleva Allan Freed, que en 1954 convirtió su programa de televisión, *Rock 'n' Roll Party*, en un espectáculo itinerante que organizaba conciertos en todo el país con las más rutilantes estrellas del rock 'n' roll. Freed acabó olvidado y pobre, tras descubrirse su implicación en el conocido como escándalo Payola, una trama de sobornos y pagos a disc jockeys para situar canciones en el número uno de las listas de las más vendidas, pero fue uno de los avispados programadores que sentó las bases de una industria de ocio que iba mucho más allá de lo musical.

El nacimiento del rock & roll y su inmediata expansión sólo son entendibles por el nacimiento de una nueva clase de consumidores que genera su propia cultura: los adolescentes. Con poder adquisitivo, un amplio sector de jóvenes comienza a imitar a los mitos del rock en sus comportamientos y aficiones. Los moderados trajes de los doo-wopers y los músicos de rhythm & blues, prácticamente idénticos a la ropa de iglesia dominical, son jubilados por las nuevas estrellas del rock, que abandonan los sobrios trajes oscuros que usaron sus padres y sus abuelos y se enfundan en camisas llamativas, chaquetas y zapatos de colores, cinturones anchos con hebillas ostentosas, botas y cazadoras de cuero modelo aviador y una antigua prenda de trabajo: los blue jeans, o pantalones vaqueros, como se conocen en nuestro país. Las chicas abandonan las prendas recatadas y se adoran con pañuelos de colores, zapatos de tacón de aguja, gafas de sol de ojo de gato, blusas ceñidas, faldas de tubo o can-can, pantalones vaqueros y maquillajes atrevidos. Las propias canciones generaban modas, como en el caso del grupo The Sparcletones y su tema «Black Slacks» (Pantalones negros), o el del padre del rockabilly, Carl Perkins y su «Blue Suede Shoes» (Zapatos de gamuza azul) editada en 1956 y que puso de moda dicho calzado entre los rockers de todo el mundo. Pero el modelo a imitar era el de las películas de Hollywood, que había encontrado un filón de espectadores fiel y numeroso.

Además de la mencionada *Semilla de maldad*, fueron películas como *Rock Around the Clock*, *Don't Knock the Rock*, *The Girl Can Not Help It* o *Rock, Rock, Rock*, todas de 1956, las principales responsables de la rápida extensión del rock and roll por Estados Unidos y, casi inmediatamente, por el resto del mundo. Esta extensión va acompañada habitualmente de un tono alarmista por parte de los sectores más conservadores de la sociedad, que en los cincuenta eran mayoritarios en casi todos los países. Baste como botón de muestra esta publicación en enero 1957 de un artículo en un periódico, *Prensa Libre*, de un país tan alejado del epicentro del rock 'n' roll como Guatemala: «Hasta el momento, durante las exhibiciones de una película sobre el Rock and Roll, un baile alocado que ha prendido en la juventud de todo el mundo, no se ha producido ninguna manifestación fuera de lugar de parte de los jóvenes guatemaltecos que han asistido a sus presentaciones. Destacamos el hecho como significativo, puesto que lo corriente ha sido lo contrario en la mayor parte de lugares donde se ha exhibido. En Europa, con motivo de la película mencionada, los hechos tomaron un cariz peligroso. La muchachada, so pretexto de estar enardecida con el sonsonete del Rock and Roll, despedazó sillas, rompió vitrinas, alteró el orden público al punto de convertirse en amenaza para los ciudadanos quietos y honrados». Aparte de lo impreciso de la ubicación de los altercados, una genérica Europa, el artículo revela a las claras el pavor que aquella música generaba en las almas más pías y conservadoras, no en vano el rock es hijo del blues y a éste se le conoce como la música del diablo. Quizá por eso, en los estados del Sur, el nuevo género fue demonizado y los más racistas acusaron a las asociaciones afroamericanas de promover el rock como una forma de corromper a la juventud blanca.

Pero no era sólo el aspecto racial el que levantaba ampollas entre la clase conservadora. El gran demonio era la tentación del pecado de la carne, el sexo, que algunos veían incluso donde no había. Los nuevos bailes, las nuevas ropas y los nuevos movimientos de los cantantes fueron considerados lascivos y provocadores. El que se llevó los primeros y mayores dardos de la América moralista fue Elvis, demonizado a causa de sus movimientos de pelvis y sus gestos y miradas insinuantes. Si famosa es la anécdota de un magistrado de Florida prohibiendo a Elvis que hiciese sus famosos movimientos de cadera por considerar que era un salvaje que socababa la moral de la juventud con su música, no menos ilustrativa es la de Mac Curtis, un joven imitador y futuro cantante de rockabilly, que vio cómo la policía interrumpía su concierto en el instituto acusándolo de realizar gestos obscenos. Lo cierto es que estas primeras manifestaciones externas y transgresoras llegan también a las películas del rock 'n' roll, que llevan implícitas nuevas pautas de comportamiento, ya sea por el lado sensible, creando un nuevo romanticismo más osado, del que la mayor expresión es la anécdota del chicano Ritchie Valens cantándole «Dona» desde una cabina de teléfonos a su novia anglosajona; o bien por el lado bronco y violento, cuyos representantes más genuinos podrían ser unos hermanos Burnette partiéndose la cara con los paletos de los pueblos del Sur por tocar una música propia de negros.

El efecto de imitación es inmediato en Europa, especialmente en Inglaterra, donde surgen los *teddy boys* y las *teddy girls*, una versión exagerada del original americano, con sus increíbles zapatones de colores (los *booguies* o *creepers*, de origen militar), los calcetines de colores, los pantalones por encima del tobillo, los tupés imposibles y las levitas multicolores o las cazadoras de cuero, que eran norma general tanto para ellos como para ellas, aunque las chicas añadían faldas de vuelo y colas de caballo. Además estaba la versión dura tipo motoristas enfundados en cuero, los *greasers*, término despreciativo con que les calificaban por la grasa de los fijadores usados para alisarse el pelo y moldear sus tupés y que tuvieron su versión europea en los *blouson noirs* franceses, los *halbstarks* alemanes o los *nozem* holandeses. A ambos lados del Atlántico, las motos eran un símbolo de independencia juvenil y las más extendidas eran las Norton, BSA, Indian o Triumph, y en este último caso especialmente el modelo Thunderbird, que se hizo tan famosa al ser usada por Marlon Brandon en la película *The Wild One*, de 1953, (en la que, por cierto, no suena ni un solo rock 'n' roll) que convirtió a la marca británica en líder de ventas en Estados Unidos. El predominio de las Harley en el imaginario rockero llegaría una década más tarde, a partir de 1965, cuando el periodista Hunter Thompson escribió las andanzas de los Ángeles del Infierno, creando una leyenda que llega hasta hoy.

Sean cuales sean sus orígenes geográficos, las diferencias en la forma de vestir o el subgénero de rock 'n' roll preferido, todos los aficionados comparten un fuerte espíritu de provocadora contestación generacional. Hasta el propio tupé, el elemento más identificativo de los rockers, definido por el diccionario como 'cabello que cae sobre la frente o se lleva levantado sobre ella', era más que un peinado, era un signo externo de inconformismo y rebeldía, igual que lo fue dos décadas más tarde la melena de los hippies. Es muy significativa la cantidad de grupos que se llaman The Rebels o llevan la palabra en el nombre, en parte por su significado de rebeldía y en parte por un guiño a los estados del Sur donde nacieron las músicas que originaron el rock and roll y que eran el antiguo territorio de los confederados, los 'rebeldes' en la guerra de Secesión. Este hecho llevó a muchos rockers a adoptar como símbolo la bandera confederada, creando cierta confusión sobre las presuntas actitudes racistas que nunca tuvieron, sino más bien todo lo contrario, la mayoría de los músicos y aficionados blancos del rock 'n' roll. Este espíritu subversivo se traducía incluso en sus símbolos, en muchos casos adoptados de los insultos con que querían desprestigiarlos, como en el caso del término 'cat' (gato) con el que se intentaba criticar el salvajismo de su música y sus comportamientos y que fue utilizado en cientos de canciones y nombres de bandas, el más famoso de los cuales es Stray Cats, toda una declaración de principios.

Pero esta primera hornada de adictos al rock 'n' roll ignoraba que los que, como Frank Sinatra, habían predicho que el rock and roll no tendría más de cinco años de vida, tenían razón en parte, no porque fuera a desaparecer, sino porque se transformaría en algo mucho menos genuino y espontáneo, en un producto de consumo que acabaría con las esencias del estilo en menos de una década. Lo que ha sucedido en esos cinco años de plazo que daba Sinatra es que el negocio se ha triplicado y han florecido pequeñas compañías que quieren su parte del pastel de los más de seiscientos millones de dólares que generaron las ventas de discos sólo en 1959. Las cifras hablan por sí solas. En 1954 Bill Haley vendió más de veinticinco millones de copias de su «Rock Around the Clok» y un año después Elvis vendió diez con «Hound Dog». Pero fue en 1957 cuando el gran negocio del rock reveló sus posibilidades: Elvis vendió más de treinta millones de discos, Jerry Lee Lewis más de quince y Paul Anka superó los diez millones, por mencionar sólo a los más destacados.

Fue la propia industria generada por una juventud hambrienta de ocio y libertad la que convirtió el rock en un producto de consumo masivo, justo en los inicios de un sistema voraz en el que todo, empezando por la música y la cultura, será creado con el objetivo de usar, tirar y volver a comprar.

A mediados de los cincuenta, mientras la lucha por los derechos civiles de los negros hace tambalear la imagen oficial de una sociedad de bienestar carente de problemas, la industria del espectáculo comienza a explotar exhaustivamente el negocio que suponen las nuevas estrellas del rock and roll y decide fabricar una detrás de otra.

El gran circo del rock and roll

En la segunda mitad de los años cincuenta, la juventud norteamericana y de los países del llamado bloque occidental se convierte en objetivo de una gran industria de ocio expresamente dirigida a ella a través de la música, el cine, la televisión y la moda. Los chicos se pasean calle arriba y calle abajo, subidos a sus flamantes coches o montados en sus ruidosas motos, o se reúnen alrededor de los *drive-in*, los restaurantes de comida rápida para recoger desde el automóvil, o se citan en los *drive in movies*, los autocines. El hecho de que prácticamente todo se haga desde el coche revela el poder adquisitivo de una juventud que vive por primera vez en la historia una situación de libertad aparente, basada en el consumo superfluo. Pocas películas han reflejado tan bien esta situación como *American Graffitti*, dirigida en 1973 por George Lucas.

El gran negocio está en marcha. A finales de la década Elvis Presley se convierte en una estrella de Hollywood, donde comienza protagonizando películas como *Jailhouse Rock* y *King Creole* para pasar a interpretar papeles que le irían alejando cada vez más de la imagen de rockero indomable que asustaba a los padres de las chicas y lo acercan cada vez más a una estrella desdibujada en películas de difícil calificación. El programa *American Bandstand* de Dick Clark se convierte en el referente favorito de los jóvenes americanos y en una mina de oro para la cadena ABC, llegando a tener veinte millones de seguidores. La industria musical se vuelca en la creación y sobre explotación de los *teen idols*, los ídolos prefabricados para quinceañeras que serán una constante de la música popular desde entonces hasta hoy. Jovencitos y jovencitas como Paul Anka, Fabian Forte, Connie Francis o Brenda Lee venden discos por millones con canciones cada vez más blandas y acarameladas, tanto en su letra como en su música. En 1959 Hank Ballard compone una canción titulada «The Twist», que en principio pasa desapercibida pero que meses después se impone en el mercado gracias a la versión de Chubby Checker, quien la convierte en el baile de moda por excelencia, que en poco tiempo llega a los rincones más alejados del planeta y se convierte en un éxito de masas y negocio redondo al que se apunta incluso un Bill Haley en horas bajas. Se trata de un baile que mantiene el ritmo frenético del rock and roll pero las parejas bailan separadas, o simplemente se baila de forma individual, lo que lo hace más aceptable a los ojos de los sectores conservadores que los sensuales movimientos y contactos del rock, heredados de la tradición de los bailes afroamericanos. Las discográficas y las cadenas de televisión descubren un nuevo filón e inventan un baile detrás de otro: el *stroll*, el *madison*, el *walk*, el *shake* o el *calipso*, todos unidos a un tipo de música muy determinado que crea modas de consumo tan voraz como, en ocasiones, fugaz. Incluso Elvis Presley se inventó uno de escasa vida, el *slicin' sand*, una versión del twist para bailar en la arena de la playa.

Pero a pesar del adocenamiento a que intentan someterla, la generación criada con el rock 'n' roll mantiene grandes dosis de rebeldía contra el viejo orden, que se materializarán casi una década después con el estallido del movimiento pacifista y antimilitarista y que se traduce en grupos como los de la Young Patriots Organization, que se desarrollará plenamente a lo largo de los sesenta pero cuyo germen está en los grupos de rockers concienciados de los últimos años cincuenta. A pesar de llevar la bandera confederada como símbolo en su vestimenta, estos jóvenes son abierta y activamente antiracistas y progresistas, formando la avanzadilla de lo que a mitad de la década siguiente sería la implicación de muchos ciudadanos blancos en la lucha por los derechos civiles de la minoría negra, que en esos años comienza a manifestarse con más virulencia que nunca. En 1957 se producen los disturbios raciales de Little Rock, cuando una muchedumbre de racistas enfurecidos se enfrentó a la guardia nacional para impedir que un grupo de estudiantes negros fuesen al instituto. Y eso sucedía tres años después de que el Tribunal Supremo hubiese abolido la segregación en las escuelas. Es precisamente ese año cuando se produce la retirada de una de las primeras y más salvajes estrellas del rock 'n' roll: Little Richard abandona la música profana para convertirse en predicador, un oficio del que entraría y saldría varias veces a lo largo de su vida y que, todo hay que decirlo, desempeñaría desde el púlpito con el mismo espíritu histriónico que usaba en los escenarios.

El abandono de Richard parece presagiar el fin de los viejos tiempos y 1958 se convierte en un año de cambios emblemáticos: en plena oleada de éxitos, la gira británica de Jerry Lee Lewis se cancela al descubrirse que está casado con una menor de edad y el consiguiente escándalo aparta a Jerry de los escenarios durante una larga temporada, Elvis es reclutado por el ejército y se marcha a Alemania para cumplir un servicio militar de dos años, mientras un joven cantante negro llamado James Brown llega al número uno de las listas con «Try Me», anunciando el inminente imperio del soul. Bill Haley se ha convertido casi en una vieja gloria en poco más de dos años y mientras comienza a ser olvidado por el público norteamericano se embarca en una serie de giras internacionales que le llevan a predicar el rock 'n' roll a sitios tan lejanos como Australia o Argentina. Por si fuera poco, 1959 empieza de la peor manera posible: el 3 de febrero el avión en el que viajan Buddy Holly, Rictchie Valens, Big Bopper y el piloto Roger Peterson se estrelló cerca de Clear Lake, en Iowa, en un episodio funesto que pasó a la historia como 'El día que murió la música' por la forma en que lo llamó Don McLean en su canción de homenaje «American Pie». Pocos meses después salta a la luz el escándalo Payola, en el que disc jockeys, promotores musicales y propietarios de discográficas se ven involucrados en una trama de sobornos y extorsiones para colocar en los primeros puestos de las listas de ventas a determinados cantantes a cambio de grandes cantidades de dinero. El escándalo haría tambalear la carrera del presentador de *American Bandstand*, Dick Clark, acabaría con la carrera del todopoderoso Alan Freed, el hombre que bautizó el rock and roll, y supondría un importante bache para muchas discográficas.

El rock original, el que hizo nacer un nuevo espíritu juvenil, tiene los días contados. Fue precisamente ese espíritu juvenil el que acabó con el primer impulso del rock 'n' roll, enterrado por sucesivas modas musicales dirigidas a nuevas generaciones de jóvenes y adolescentes. La publicidad y el marketing se imponen y el negocio pesa más que la calidad musical. Incluso muchas veces es la música la que está al servicio de la industria como un producto secundario. Quizá el ejemplo más revelador a este respecto es el de Donna Loren, una chica con una magnífica voz, cuya carrera musical estuvo totalmente mediatizada por el contrato que firmó con la marca de refrescos Dr. Pepper y que la convirtió en un spot publicitario viviente.

A medida que el rock 'n' roll se extiende y se masifica, también se vuelve más blando con el predominio de cantantes como Frankie Avalon, Bobby Darin o Paul Anka, que cantan a los primeros amores y desamores de adolescentes que suspiran por sus discos. El cuero negro, la grasa en el pelo, en ellos, y los pantalones ajustados, los zapatos de tacón y los maquillajes agresivos, en ellas, van siendo arrinconados por los tupés domesticados y los jerseys de tipo universitario para ellos y las modosas colas de caballo y los colores pastel para ellas. Y eso tiene su principal reflejo en el medidor por excelencia del éxito musical, la lista de la revista *Billboard* en la que la canción«Why» de Frankie Avalon fue el último número uno de los años cincuenta en los Estados Unidos.

La música juvenil cabalga inexorablemente hacia el pop, que pronto confluirá con el soul negro para alumbrar los géneros de finales del siglo XX. Además, al otro lado del Atlántico, en Inglaterra, los chicos que se han criado musicalmente con el blues, el ryhthm & blues y el rock & roll que les llegaba de América, han evolucionado hacia un estilo nuevo y amenazan con cambiar el curso de la historia musical. El 9 de febrero de 1964, unos chicos de Liverpool, luciendo corbata y pelo largo, aparecen por primera vez en el show televiso de Ed Sullivan. Son The Beatles y acaba de comenzar la 'invasión británica'.

La travesía del desierto

La década de los sesenta comienza con una significativa novedad para la industria discográfica, los premios Grammy, que se habían concedido por primera vez en 1959 y que en su edición de 1960 premian a Ella Fitzgerald y Ray Charles en las categorías de pop y rhythm blues, dos territorios que hasta entonces habían estado básicamente en manos de las estrellas del rock. Las listas de éxitos son encabezadas por Brenda Lee, The Everly Brothers, Connie Francis, Chubby Checker o Johnny Tillotson y su «Unchained Melody», los edulcorados representantes de un rock 'n' roll en retroceso que comparte los primeros puestos con los representantes de otra música heredera del rhythm & blues, el soul, en el que emergen estrellas como The Miracles, The Drifters o Ike & Tina Turner.

La sociedad norteamericana ha cambiado y vive los últimos coletazos del *american way of life*. En 1962 la conocida como 'Crisis de los misiles', con Cuba y la Unión Soviética, lleva la Guerra Fría a su punto álgido y coloca al mundo al borde de la catástrofe nuclear, instalando en el ánimo de los norteamericanos un temor a la guerra atómica y un feroz anticomunismo que se traducirá en cientos de conflictos locales en todo el mundo, entre los que destaca la guerra de Vietnam, la pesadilla de Estados Unidos durante más de una década. La carrera espacial, el pacifismo, la lucha contra la segregación racial y la llegada masiva de las drogas a los guetos urbanos, dibujarán un país en el que los días del genuino rock 'n' roll parecen un remoto cuento para niños.

Pero mientras en los Estados Unidos el rock se dulcificaba y decaía, al otro lado del Atlántico, en Gran Bretaña, el nuevo estilo musical comienza a expandirse entre la generación de finales de los cincuenta y principios de los sesenta, una juventud que no ha vivido los horrores de la Segunda Guerra Mundial y que ha crecido en plena expansión económica, creando un mercado al que acuden las grandes estrellas pioneras, entre las que figura Eddie Cochran, que moriría en 1960 en un accidente de circulación en Somerset, al suroeste de las islas británicas, cuando viajaba acompañado por su amigo Gene Vincent. Los jóvenes rockers ingleses pertenecen a la rama más dura y ortodoxa del género y, al igual que sus modelos norteamericanos, se han criado en barrios periféricos y ambientes obreros. Además de la música y la cerveza, su pasión son las motos, que en Inglaterra hay en abundancia, y pronto cobran celebridad los grupos de moteros con sus botas, sus pantalones vaqueros y sus cazadoras de cuero negro, siempre con una actitud agresiva y retadora, sobre todo con sus enemigos naturales, los mods, que seguían la línea elegante del pop rock. En mayo de 1964 se produjeron violentos enfrentamientos entre rockers y mods en la playa de Brighton, que se extendieron a otras zonas del país en los meses siguientes y que alcanzaron las dimensiones de mito en la historia del rock, especialmente gracias a películas como *Quadrophenia*, de 1979, inspirada en la ópera rock homónima del grupo The Who.

A mediados de los sesenta el rock and roll prácticamente ha desaparecido de la primera línea de la industria musical norteamericana y sus músicos se refugian en garitos de carretera o se reconvierten en cantantes de country o en *crooners* de los casinos de Las Vegas, la etapa final del propio Elvis Presley. La ola del rock inglés, también conocida como 'invasión británica', ha arrasado con todo y The Beatles, The Rolling Stones, The Shadows o The Animals causan una verdadera conmoción —como en el caso de The Kinks, que ven vetada su entrada en los Estados Unidos tras los escándalos provocados durante su gira de 1965— imponiendo un estilo que será copiado por las nuevas bandas americanas, como The Byrds, The Beachs Boys o The Moonkees, y que anuncian el inminente movimiento hippie y el rock contracultural de The Doors, Jefferson Airplane o The Greateful Dead, Jimmy Hendrix o Janis Joplin al final de los sesenta. Luego vendrían el funk, el rock sinfónico, la música disco y el apogeo del pop, encarnado por su rey Michael Jackson, que en 1972 comenzó su carrera en solitario.

Renacer de las cenizas

En 1977 la muerte de Elvis se convierte en un fenómeno mundial y los medios de comunicación dedican toneladas de papel y semanas de radio y televisión a glosar la figura y repasar la vida, milagros y miserias del olvidado Rey del Rock, lo que trae como consecuencia que se vuelva a poner atención a sus primeros temas y, por extensión, al rock and roll original, contribuyendo a su revival o recuperación, como le queramos llamar. Desde el principio de los setenta se había registrado en Inglaterra una eclosión marginal pero creciente de grupos que copiaban el rock 'n' roll de los cincuenta como Crazy Cavan, que en 1973 graban su primer single, «Teddy Boy Boogie», o que lo adaptaban a un estilo más garagero y contundente, como en el caso de Dr. Feelgood, que lanzan su primer disco *Down by the Jetty*, en 1974. Algo similar está sucediendo en todo Europa, incluida la remota Finlandia donde, también en 1974, una banda llamada Hurriganes graba «Get On», una canción que triunfa en todo el viejo continente.

A finales de la década, mientras nace un nieto del rock llamado punk, el rockabilly resurge en los Estados Unidos, en ocasiones con una recuperación literal de las raíces, como en el caso de Robert Gordon, que publica su primer disco *Robert Gordon with Link Wray*, en 1977, poco después de la muerte de Elvis, lo que le proporciona una promoción extra como heredero del gran mito. Pero esa herencia está muy lejos de obtener resultados ni remotamente similares a los originales en cuanto a popularidad y ventas. Por ejemplo, el año del debut de Robert Gordon, los primeros puestos en las listas del *Billboard* son Stevie Wonder, Rod Stewart o Fleewood Mac y no hay un solo rockabilly en los puestos destacados. Otras veces esa recuperación del género se produce bajo renovadas formas estéticas y musicales, como en 1978, cuando se publica el primer single de The Cramps, una banda que auna el genuino rockabilly con el garage y el punk para alumbrar el psychobilly. Ese mismo año nacen los Stray Cats, que grabarían su primer disco en 1981. Pero aunque comiencen su carrera en su país de origen, donde triunfan los nuevos rockers norteamericanos, es en Europa, que en los ochenta vivió una fuerte efervescencia rockabilly, donde llegaron a lo más alto de las listas de ventas, junto con bandas y artistas como Matchbox, Skaki'n Stevens o Rocky Sharpe & The Replays. Una vez más, a este renacimiento no fue ajena la industria del cine, que aprovechó para realizar películas como *Grease*, el musical de 1978 ambientado en los años cincuenta y el estilo *high school*, *Great Balls on Fire*, una biografía de Jerry Lee Lewis de 1989 o *Streets on Fire* (*Calles de fuego*), dirigida por Walter Hill en 1984, definida como 'una fábula de rock and roll' con una banda sonora en la que destacan dos temas de The Blasters, que recuperan el lado más puro y más salvaje del género.

Desde mediados de los ochenta, la tenacidad y la capacidad de resistencia de algunos pioneros como Chuck Berry y Jerry Lee Lewis se ven recompensadas con el reconocimiento por parte de unas nuevas generaciones de aficionados que llenan sus conciertos en cualquier lugar del mundo. En todos los países europeos surgen bandas que mantienen vivo el espíritu del rock 'n' roll original. Incluso en algunos casos, como los de Loquillo, Duncan Dhu o Rebeldes en España, llegan a los primeros puestos de las listas de ventas. Pasada la moda comercial, el rock and roll volvió en los noventa a un segundo plano, pero manteniendo una buena salud, con incorporación de nuevas bandas a ambos lados del Atlántico, como Imelda May, Kim Lenz, Mike Sánchez o Nick Curran, entre otros, hijos y nietos de la primera generación que alumbró un movimiento que fue mucho más allá de lo estrictamente musical, y colaboró en marcar las pautas por las que se regirían la cultura popular de masas y la industria del entretenimiento de la última mitad del siglo XX.

★

2. Guía del rock and roll y el rockabilly

A

Andy Anderson

La esquiva fortuna

15 de mayo de 1935
Clarksdale, Mississippi

Anderson nació en Clarksdale, la mítica cuna del blues del Delta, donde los blancos como él eran una minoría y donde se empapó de la música de raíz afroamericana que practicaban bluesman como John Lee Hoocker. Fue su madre la que confió en su dotes musicales y le animó a presentarse a los concursos de jóvenes talentos que se celebraban por la zona. En la universidad montó Andy & The Rolling Stones, un grupo de hillbilly que pronto fue derivando en rock 'n' roll, con el que tocaba en clubs próximos al campus. En 1956 la fiebre del rock and roll estaba en plena expansión y Andy decidió probar fortuna en la discográfica que era el epicentro de esa convulsión: la discográfica Sun Records, de Memphis. Allí se codeó con Carl Perkins, Jerry Lee Lewis o el propio Elvis, pero no lograron el ansiado disco de éxito. Su siguiente intento, con la discográfica London Records, en Nashville en 1957, tuvo más fortuna. Andy grabó un primer tema con músicos de estudio y ya con sus Rolling Stones, que habían tenido problemas sindicales para grabar la primera canción, registró un single con «You Shake Me Up» en la cara A y «The Way She Smiled» en el otro lado. Los temas funcionaron bien, pero Andy tuvo que abandonar para volver a la granja familiar. Eran los años en los que el rockabilly se había convertido en la música favorita de la juventud norteamericana y muchos músicos intentaban convertirse en la estrella del momento. Anderson abandonó de nuevo su casa y se instaló en Jackson, donde montó una nueva banda, Dawnbreakers, con la que grabó un single «Tough, tough, tough» que le proporcionó un moderado éxito que no le llevó demasiado lejos. A principios de los sesenta intentó hacer una carrera cinematográfica en Hollywood, se convirtió en representante de artistas y pasó por una serie de altibajos, que incluso le llevaron a instituciones psiquiátricas. A principios de los setenta montó el dúo The Eagle & The Hawk, en la onda hippie del momento, pero un accidente le dejó la mano derecha inutilizada para tocar la guitarra y se retiró hasta que el renacimiento del rockabilly en los años ochenta le rescató del olvidó, especialmente en Europa, donde sus viejos discos se vendían bastante bien. Pero perseguido por la mala fortuna, volvió a arruinarse y regresó a su Mississippi natal.

★

Paul Anka

El sueño adolescente

Paul Albert Anka
30 de julio de 1941
Ottawa, Canadá

Una historia de amor adolescente hacia la *babysitter* de su hermano pequeño, una chica tres años mayor que él, llevó meteóricamente a la fama a este cantante de voz melosa. «Diana», salió al mercado en el verano de 1957 y se convirtió en un éxito inmediato: aguantó durante nueve semanas en el número uno de las listas inglesas, vendió nueve millones de copias en poco más de un mes y acabó siendo versionada en más de trescientas ocasiones por artistas de todos los géneros. Siendo casi un niño se convirtió en el primer cantante del fenómeno *teen*, o quinceañero, de los cincuenta.

Paul había nacido sólo dieciséis años antes en la capital de Canadá, en el seno de una familia de origen judío que regentaba un restaurante y eran devotos de la iglesia ortodoxa, en cuyo coro dio sus primeros pasos musicales. Estudió piano y guitarra y a los once años ya actuaba en locales de su ciudad natal. Formó un trío juvenil, The Bobby Soxers, participó en programas de televisión y comenzó a componer sus propias canciones hasta que se marchó a Los Angeles, donde mantuvo sus primeros contactos con la industria musical, con pésimos resultados. Regresa a Canadá y en 1956 graba su primer single, «I Confess», con una acogida demasiado discreta para sus ambiciones. Un año después se marcha a Nueva York y logra una audición con Don Costa, el director artístico de la ABC, que se quedó impresionado cuando escuchó una balada con toques de calipso titulada «Diana». En 1957 la canción arrasa y llega al número uno del *Billboard*.

En 1958 coloca otros dos temas entre los veinte primeros puestos de la lista de éxitos: «Crazy Love» y «You Are my Destiny», con los que se consolida como la alternativa blanda a los pioneros del rock 'n' roll. Un año después vuelve al número uno con «Lonely Boy», que interpreta en la película *Girls Town*. Tiene sólo dieciocho años pero ya es una estrella que se codea en los escenarios con figuras como Buda Holló, actúa en Inglaterra y encadena un éxito comercial detrás de otro con temas como «Put Your Head on my Shoulder» o «It's Time to Cry».

Pero a principios de los sesenta las modas musicales dan un giro y sus leales y emocionadas fans comienzan a abandonarle. En un intento por recuperar la popularidad, en 1962 cambia de discográfica y firma con RCA Victor, pero el éxito le esquiva y nueve años después ficha por Buddah Records. En 1974 volvió al número uno con «You're Having my Baby», un tema a dúo con su protegida Odia Coates. Todavía en 1983 fichó por CBS y editó *Walk a fine line*, el que *de facto* es su último álbum, aunque grabaría todavía algunos recopilatorios. Convertido desde hace años en uno de los más grandes *crooners* estilo Las Vegas, Anka se mantiene activo realizando galas por todo el mundo en las que, entre otras cosas, demuestra que es el más resistente de la pléyade de cantantes juveniles surgidos en los cincuenta.

Rayburn Anthony

Longevidad creativa

23 de mayo de 1937

Humbolt, Tennessee

Empezó a tocar siendo casi un niño, siguiendo los pasos de su hermano mayor, Bob, quien le enseñó a tocar la guitarra y le incluyó en su banda, de la que acabó siendo el cantante. Acabó siendo descubierto por WS Holland, antiguo batería de Carl Perkins en funciones de cazatalentos, que le consiguió una audición con Sam Phillips, el dueño de Sun Records, que estaba permanentemente a la caza de nuevos talentos que sustituyesen a sus estrellas iniciales como Elvis o Lewis. Entre 1959 y 1960 Rayburn grabó varios singles de un rock and roll sosegado, próximo ya al estilo adocenado de los sesenta, entre los que figuran una versión de «Saint Louis Blues», «Alice Blue Gow», «There's No Tomorrow» o «Big Dream». A partir de 1962 abandona Sun Records y se dedica a componer para otros músicos, entre ellos Bill Black, ex contrabajista de Elvis, o para Sandy Posey, a quien le escribió «Caution to the wind», la cara B de su mayor éxito, «Born A Woman». También interpretaron temas suyos Jerry Lee Lewis o Conway Twitty. También hizo de músico de acompañamiento para Carl Perkins durante sus giras en el revival de los ochenta. Sigue en activo, dando conciertos, produciendo discos y componiendo canciones. En 2001 todavía lanzó al mercado un CD titulado *Jackson Was Jumpin*.

Frankie Avalon

La cara blanda del rock

Francis Thomas Avallone
18 de septiembre de 1939
Filadelfia, Pennsylvania

Músico precoz, comenzó a los nueve años tocando la trompeta. Quería llegar a ser como su ídolo Louis Amstrong y estudió para conseguirlo, incluso a los dieciséis años grabó un single, «Trumpet Sorrento», en el que tocaba ese instrumento, pero acabó siendo universalmente famoso como cantante por culpa de sus inicios en el rock 'n' roll.

Gracias al apoyo de uno de sus profesores, se convirtió en un artista precoz que participaba en programas de televisión y actuaba en todo concurso que se le ponía a mano. Poco a poco sus gustos fueron derivando hacia el rock and roll y se enroló en una banda de adolescentes, Rocco & the Saints, donde también tocaba Bobby Randall, gracias a quien conoció a Peter DeAngelis, uno de los propietarios de Chancellor Records, que logra colocarlo en el *American Bandstand*, el programa de televisión convertido en una auténtica fábrica de estrellas juveniles. Pero el éxito fue efímero y tuvo que esperar a 1957 para lograr su primer éxito convertido en un rockero suavizado al estilo *teen* de los ídolos adolescentes. Fue con «Dee dee Dinah», un tema que vendió casi un millón de copias, un éxito que repetiría al

año siguiente con «Gingerbread» y que coronaría en 1959 con temas eternamente populares de la canción melódica como «Venus» y «Why», ambas número uno del *Billboard*. Hasta 1962 siguió colocando en los primeros puestos canciones como «I'll Wait for You», «Bobby Sox to Stokings» o «A Boy Without a Girl».

En 1963 se casó con Kathryn Diebel a pesar de la oposición y resistencia de todo su entorno, que temían que una vez casado dejase de seducir a las jovencitas y se acabase la gallina de los huevos de oro. Pero Avalon se convirtió en padre de familia numerosa y orientó su carrera por otros derroteros, poniéndose a salvo de la invasión de músicos británicos que pusieron fin a la era del primitivo rock and roll. En 1960 había comenzado su otra faceta artística, el cine, con la película *Fuego en el bosque*, junto a Alan Ladd, y ese mismo año se codeó con el mismísimo John Wayne en el rodaje de *El Álamo*, la película que le abrió las puertas de Hollywood. Luego vendrían *Viaje al fondo del mar*, *Operation Bikini* y la popular serie de films playeros, *Beach Party*, *Muscle Beach Party*, *Bikini Beach* y *Beach Blanket Bingo*. Llegó a grabar 39 películas y documentales. En 1977 tuvo una aparición especial en *Grease*, donde interpreta el tema «Beauty School Drop-Out» en una onírica y celestial escena, y en 1995 también tuvo una interpretación reseñable en *Casino*, de Martin Scorsese.

B

★

Hank Ballard

El inventor del twist

John Henry Kendricks
18 de noviembre de 1927 - 2 de marzo de 2003
Detroit, Michigan - Los Angeles, California

Ballard definía su estilo como una mezcla de blues, country, gospel y rhythm & blues, lo que le coloca en los orígenes del rock 'n' roll. Nació en Chicago y tuvo una infancia difícil como hijo de un maltratador, hasta que

se escapó de casa y se fue a vivir con unos parientes a Alabama, de donde se marchó a los quince años para trabajar en una cadena de montaje de la Ford, en Detroit. Gran aficionado al country & western de actores cowboys como Gene Autry, se integró en los ambientes del rhythm & blues gracias a su prima, Florence Ballard, futura The Supremes, que le presentó a Sonny Woods, miembro de The Royals, un grupo de doo-wop formado por Alonzo Tucker, Henry Booth, Charles Sutton y Lawson Smith, el vocalista, que fue sustituido por Ballard. Bajo los auspicios de Johnny Otis firman con Federal Records y cambian su nombre por The Midnighters para evitar confusiones con otra banda, The 5 Royals. Ballard, da una vuelta de tuerca a las blandas letras del grupo y en 1953 compone «Get It», una canción tan subida de tono que tuvo problemas para ser emitida por la radio. Sus líos con la censura llegaron a su punto álgido en 1954, cuando «Work With Me Annie» fue prohibido en la mayoría de los emisoras, pese a lo cual llegó a lo más alto en las listas. El tema sería suavizado y rebautizado como «Dance With Me Henry», cuya versión sería el despegue de Etta James. Los siguientes temas, «Annie Had A Baby» y «Annie's Aunt Fanny», insisten en la vena erótica y venden más de un millón de copias. Ballard reafirma su liderazgo y el grupo pasa a llamarse Hank Ballard & The Midnighters. En 1955 logran un nuevo superventas con «It's Love Baby», pero luego se estancan con continuos cambios en su formación.

En 1959 fichan por King Records y lanzan el single «Teardrops on Your Letter», que les devuelve a los más alto de las listas de rhythm & blues gracias fundamentalmente a su cara B, «The Twist», una canción que dará nombre a un baile que se hará mundialmente famoso con la interpretación de Chubby Checker. Durante los dos años siguientes el grupo se dedica a explotar la estela de ese éxito y produce temas bailables como «Finger Poppin' Time», «The Hoochi Coochie Coo» o «Let's Go, Let's go, Let's Go». Pero la fortuna fue efímera, los Midnighters se separaron en 1965 y Ballard continuó en solitario y acabó viviendo de la gloria pasada interviniendo en espectáculos televisivos hasta que falleció a los setenta y cinco años.

Joe Bennett & The Sparkletones

Eternos pantalones negros

1956 -1960
Spartanburg, Carolina del Sur

En 1956 Joe Bennett reúne a un grupo de compañeros de instituto, Howard Sparky Childress a la guitarra, Wayne Arthur al contrabajo y Jimmy Sticks Denton a la batería, y decide formar una banda de rock and roll, The Sparkletones, con los que gana un concurso de promesas, lo que les coloca en el punto de mira de un cazatalentos de la discográfica neoyorquina ABC, con la que en 1957 graban su primer sencillo, «Black Slacks», en el que la casualidad quiso que pusiese los coros un jovencísimo Paul Anka, que andaba por allí para grabar «Diana». El ritmo enfebrecido de la canción la aupó rápidamente a los primeros puestos de las listas, comenzaron a aparecer en programas televisivos y llegaron a participar en los shows de Ed Sullivan y Alan Freed y en el American Bandstand, con un estilo intermedio entre Carl Perkins y Buddy Holly. Mantuvieron el tipo con su nuevo sencillo, «Penny Loafers and Bobby Sox», pero los siguientes, «Rocket», «Run Rabbit Run», «Late Again» y «Cotton Pickin' Rocker» no se acercaron ni de lejos a las ventas del primero y acabaron cantando en un hotel de las Vegas, con una aparatosa puesta en escena de casacas chillones y lentejuelas. Allí conocieron a algunos de los más grandes del rock, como el propio Elvis Presley.

En 1959 abandonan ABC y firman con Paris Records donde grabaron algún single de discretos resultados como «Boys Do Not Cry». A partir de ahí, los compromisos militares y la decepción por la falta de éxitos hacen mella en el grupo, que se acaba disolviendo en 1960. Joe Bennett acabó en España, como piloto en la base de Torrejón de Ardoz, donde montó una nueva banda, Joe & The Jaguars, que funcionaron como banda de acompañamiento para artistas norteamericanos de visita en Madrid. Bennett también fue reclutado para la guerra de Vietnam, lo que trajo graves secuelas para su salud, y regresó al mundo de la música como editor y productor.

★

Chuck Berry

Papá rock 'n' roll

Charles Edward Anderson Berry
18 de octubre de 1926
Saint Louis, Missouri

El descarriado hijo de Henry y Martha Berry, un diácono baptista y una directora de escuela, creció tocando blues y evolucionó el rhythm & blues para convertirlo en rock & roll, una música a la que muchos atribuyen su

paternidad. Considerado uno de los grandes magos de la guitarra eléctrica, comenzó a tocar a los trece años, a los quince actuó en público por primera vez con una versión del tema «Confessin' the Blues», de Jay McShann, y comenzó a tocar regularmente en bares y fiestas. En el verano de 1944 tuvo su primer encontronazo serio con la justicia. Emprende un viaje con dos amigos a la mítica California, pero en Kansas City se les acaba el dinero, cometen un par de atracos y Chuck es detenido por robar un coche a punta de pistola para escapar. Pasó tres años en la prisión de Algoa, Missouri, donde se dedicó a practicar con la guitarra y a aprender a boxear. Al salir se casó, montó un negocio de peluquería, y retomó su actividad tocando en los clubs nocturnos.

En 1952 comenzó a actuar regularmente en el Cosmopolitan Club, tocando todo tipo de estilos: blues, country o rhythm & blues, y curtiéndose como músico profesional. En 1955 se fue a Chicago, donde Muddy Waters le puso en contacto con Chess Records y grabó «Maybellene», un rock & roll que se convirtió inmediatamente en número uno, al igual que sucedió con «Roll over Beethoven» al año siguiente o «School Days» en 1957. Ese mismo año participa en la gira de Allan Freed codeándose con las más grandes estrellas de rock del momento, como Buddy Holly o The Everly Brothers y graba su disco de debut, *After School Session*. En 1958 sale al mercado *One Dozen Berrys*, que contiene su famoso tema «Rock And Roll Music» y un año más tarde edita *Chuck Berry Is on Top*, que recoge éxitos anteriores e incluye el eterno «Johnny B. Good».

En 1959, cuando está en la cresta de la ola, es condenado a un año y medio de prisión, acusado de relaciones con una menor. En 1963 sale de la cárcel y un año después saca al mercado un nuevo álbum, *St. Louis to Liverpool*, que contiene otros dos éxitos inmortales, «You Never Can Tell» y «No Particular Place to Go». No son buenos años para el rock clásico, pero Berry recibe el tributo de bandas británicas como The Rolling Stones y The Beatles, que estaban cambiando el panorama musical. Un año más tarde realiza su primera gira por el Reino Unido y aunque todo anunciaba una etapa de recuperación, los cambios musicales de los años setenta y su difícil temperamento le han abocado a una carrera alejada de los grandes éxitos, pero figurando siempre entre los más grandes, siempre en la carretera, tocando con bandas de ocasión que siguen admirando al gran maestro que convirtió el rhythm & blues en una cosa que otros bautizaron como rock & roll. Por eso, en 2014 le dieron el Premio Polar, algo así como el Nobel de la música.

Boyd Bennett

Cuestión de edad

Boyd Byron Bennett
7 de diciembre de 1924 - 2 de junio de 2002
Muscle Shoals, Alabama – Dallas, Texas

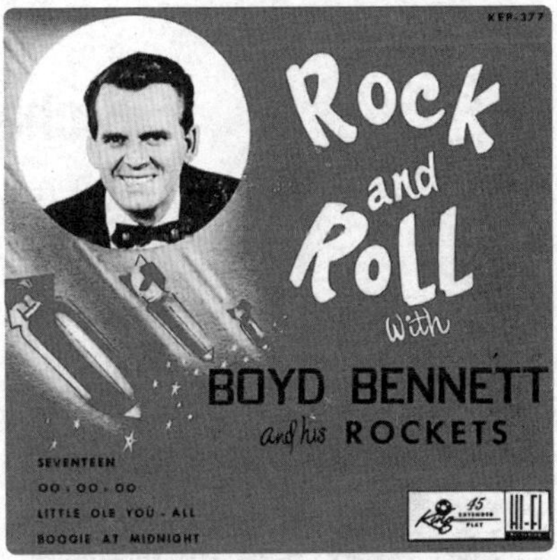

Aunque nació en una de las cunas del soul, se crió cerca de Nashville, cuna del country, y su abuelo le inició en la música llevándole a cantar gospel a la iglesia. Cuando tenía seis años estalló la Gran Depresión y su familia acabó en la miseria, lo que obligó a Boyd a buscarse la vida cantando en las aceras y los bares en los que le dejaban entrar. Aprendió a tocar la guitarra y se convirtió en músico callejero hasta que fue llamado a filas. En la Segunda Guerra Mundial sirvió en la Marina durante el desembarco de Normandía, donde resultó herido y contrajo una deficiencia pulmonar a causa del amianto. A su regreso trabajó en una emisora de radio local actuando con su propia banda, The Southlanders, con la que toca country, swing y rhythm & blues. En 1952 logra un espacio en televisión, *Boyd Bennett & His Space Buddies*, un programa de música y humor de vida efímera tras el que montó Boy Bennet & The Rockets, con los que logró la popularidad suficiente para que King Records les grabase un single sin pena ni gloria con su viejo nombre de Southlanders. En 1955, en plena explosión del rock and roll, graban «Time» y «Hopeless Case», dos versiones country sin repercusión que convencieron a Bennet de que tenía que acercarse al estilo que arrasaba entre los adolescentes. Así nacieron «Poison Ivy», «You Upset Me Baby» y «Boogie at Midnight», que grabaron por su cuenta y que vendieron miles de discos al distribuirlos King Records, discográfica que lanza «Seventeen», una canción para quinceañeras que fue el tema más pinchado durante todo el año 1955. La fama les sonrió con sus nuevos singles, «My Boy Flat-Top» y «Rock Around the Corner», y compartieron escenario con Bill Halley & The Comets, la banda del momento.

En 1956 repiten triunfo con una versión de «Blue Suede Shoes», el tema de Carl Perkins, uno de aquellos jóvenes que, junto a Elvis Presley y Jerry Lee Lewis, arrasaban entre las chicas, desplazando a músicos experimentados como Halley o Bennett. En 1959, tras profundos desacuerdos con King Records, ficha por Mercury donde, aunque grabó singles modestos, como «Boogie Bear», comienza la definitiva cuesta abajo y a principios de los sesenta Bennett se retiró convertido en un veterano de treinta y un años.

★

Richard Berry

Louie se fue

11 de abril de 1935 - 23 de enero de 1997
Nueva Orleans, Louisiana - Inglewood, California

Aunque era originario de Nueva Orleans, se crió en Los Angeles, a donde su familia se trasladó cuando él tenía solo un año. Una malformación congénita le obligó a usar muletas primero y a cojear ostensiblemente después de una operación. Buscó en la música un escape a sus limitaciones, aprendió a tocar el ukelele y se unió a diversos grupos juveniles de doo-wop como Debonairs, The Flairs o incluso The Flamingos, con los que no logró ninguna notoriedad y decidió dedicarse a componer. Participó en grabaciones de discos como «Roll With Me, Henry» de Etta James o «Riot in Cell Block Number 9», de The Robins, montó una banda con el jugador de béisbol Arthur Lee Maye, The 5 Hearts, que pasaría a llamarse The Crowns y que lanzaron singles de buena acogida, como «The Gig Break», en 1954. Berry se desligó de la banda, colaborando con otras formaciones como The Dreamers o firmando en solitario temas como «Get Out of the Car», con el que logró un importante éxito en 1955.

Por entonces escribe una canción durante una gira con uno de los grupos en que colaboraba, Rick Rillera & The Rhythm Rockers, una banda de sonido latino. Se titulaba «Louie, Louie» y era un cruce entre «Havanna Moon» de Chuck Berry y «El loco Cha-Cha» del cubano René Touzet. El tema ve la luz en 1957, grabado con The Pharaohs, y logra un considerable éxito en California, pero hubo que esperar siete años para que se convirtiese en un fenómeno nacional con la versión de The Kingsmen, un grupo garagero que tuvo el dudoso honor de ser investigado por el FBI por la presunta obscenidad de la letra, que en realidad resultaba ininteligible. Berry se dedicó a vivir de aquel éxito y sus reiteradas versiones, actuando esporádicamente y recibiendo homenajes hasta que falleció a los 67 años.

★

The Blasters

Duros y genuinos

1979 - 1985
Downey, California

Los hermanos Phil y David Alvin comenzaron tocando la guitarra en bares de moteros y un buen día de 1970 conocieron a *Big* Joe Turner, una vieja gloria del blues que dieciséis años antes había creado una de las mejores composiciones del rock 'n' roll primitivo, «Shake, Rattle and Roll» y que

les apadrinó para crear una banda de rock de raíces, The Blasters, con John Bazz al bajo y Bill Bateman a la guitarra. En 1980 Phil Alvin envió una maqueta al dueño de una discográfica especializada en rockabilly, Rollin' Rock, que apostó entusiastamente por ellos y en una sesión de 48 horas les grabó un primer álbum, *American Music*, del que editó unos pocos miles de copias que se vendieron casi inmediatamente. El disco contenía un single, «Marie, Marie», del que *Shakin'* Stevens hizo una versión mundialmente famosa. Esto puso el foco en los Blasters, que se hicieron acreedores de un respeto reverencial entre los rockers militantes, a pesar de ser bastante eclécticos y practicar todas las variantes del rock.

Pero la popularidad les llegó por vía cinematográfica, cuando en 1983 participaron en la película de Walter Hill, *Streets Of Fire*, interpretando dos apabullantes temas, «One Bad Stud» y «Blue Shadows». Fueron una banda decisiva en la recuperación del primigenio rock 'n' roll en los ochenta, pero la disparidad de sus expectativas musicales y las exigencias de la discográfica Slash —subsidiaria de Warner por la que ficharon en 1981— fue desdibujando a la banda. Tras tres excelentes álbumes, *Blasters*, en 1981, *Over There*, en 1982 y *Non Fiction*, en 1983, y en plena ola de popularidad, en 1985 los problemas llegan a su peor nivel con la grabación del álbum *Hard Line*, del que queda para la historia el tema «Dark Night», habitual en bandas sonoras, algo recurrente en su música que ha sido incluida en películas como *Bull Durham*, en 1988, o *Some One to Match Over Me*, en 1987. Tras una larga temporada de carreras divergentes, los hermanos Alvin se siguen reuniendo de vez en cuando para rememorar los viejos y buenos tiempos.

The Blue Cats

Fieles a la ortodoxia

1980
Surrey, Inglaterra

Comenzaron a principios de los ochenta tocando los temas clásicos de Carl Perkins, Johnny Burnette y Gene Vincent, pero pronto derivaron hacia temas propios con un sonido más actual pero absolutamente fiel a las raíces. En 1980 lanzan su primer álbum con Charly Records, *The Blue Cats*, con una

acogida discreta y un año después graban el segundo, *Fight Back*, que contiene se tema más famoso, «Wild Night», que se convirtió en un éxito y les dio la suficiente notoriedad en el ambiente del rockabilly inglés para cambiar de compañía y grabar en Rockhouse Records un nuevo sencillo, «Love Me!». Tras realizar una gira por todo Europa, surgen discrepancias internas sobre la fidelidad al estilo musical y deciden separase, aunque parte del grupo lo sigue intentando con una nueva formación G Men, que no logra destacar. En los últimos tiempos se han vuelto a reunir como Blue Cats y en 2012 han grabado un LP titulado *Best Down Jet*.

★

Eddie Bond

El peso de una anécdota

Eddie James Bond
1 de julio de 1933 - 20 de marzo de 2013
Memphis, Tennessee

Es uno de esos casos en los que la anécdota histórica pesa más que todo el currículum musical de un artista, por bueno que éste sea. Bond grabó discos de éxito y fue un pilar fundamental del primitivo rock 'n' roll, pero tuvo que cargar toda su vida con el sanbenito de haber dejado escapar a un joven Elvis Presley, que no superó la prueba que hizo para tocar con la banda de Bond en 1954, meses antes de grabar su primer disco. Músico autodidacta, desde muy pequeño Eddie se aficionó al country de sus ídolos Hank Williams y Carl Smith. Tuvo una dura infancia, trabajando para echar una mano en casa. A principios de los cuarenta compró su primera guitarra con los ahorros de vender semillas de siembra y siendo menor de edad comenzó a recorrer los clubs de Memphis. En 1948 montó su primer grupo, Eddie Bond & The Western Swing Band, y comenzó a trabajar en la emisora KWEM, en West Memphis, Arkansas. Tras su paso por la Marina, volvió a reunir a la banda, reconvertida en Eddie Bond & The Stompers, mientras trabajaba en la misma empresa de pinturas que su padre, negocio que acabó comprando cuando le llegó la fama y el dinero.

Pero el éxito se resistía. En 1955, tras actuar como teloneros de un joven Roy Orbison, The Stompers intentaron grabar con Sun Records, pero tuvieron que conformarse con que la filial Ekko Records le grabase un par de temas en solitario a Eddie Bond, donde se perfila su futuro rockabilly. Por fin, en 1956, la banda al completo logró un contrato con Mercury Records para grabar «Rockin' Daddy», un sencillo que los catapultó a la fama en el universo del rockabilly, donde también triunfaron sus siguientes singles, «Slip, Slip, Slippin' in», «They Did» o «Boppin' Bonnie». Bond compartió giras con los más grandes del momento, como Carl Perkins, Johnny Cash o el propio Elvis. Su repertorio fue incluyendo cada vez más baladas y canciones country y en los años sesenta enfocó su carrera hacia la radio, la composición y sus negocios en clubs de música. Tuvo un efímero retorno a principios de los ochenta y acabó retirado en su Memphis natal, donde murió a los ochenta años víctima del alzheimer.

★

Pat Boone

El tópico americano

Charles Eugene Boone
1 de junio de 1934
Jacksonville, Florida

Prototipo de la imagen de la América amable, próspera y en tecnicolor, aunque profundamente blanca, que proyectaban los medios de comunicación, Charles Eugene Boone fue un buen estudiante, un gran deportista y un apasionado del rhythm & blues, que se crió en la capital del country, Nashville. Por si faltaba algo, era un norteamericano de pura cepa, descendiente

directo del mítico Daniel Boone, el héroe de la frontera popularizado por relatos, películas y series de televisión. No es de extrañar que en los años cincuenta fuese el artista más popular de los Estados Unidos, solo superado, evidentemente, por el rey Elvis. Comenzó a participar en concursos de jóvenes talentos interpretando temas de músicos negros de rhythm & blues y que en los años cuarenta estaban vetados en las emisoras blancas. A los diecinueve años se casó con Shirley Foley, hija del famoso cantante country Red Foley, y con la ayuda de su suegro logró introducirse en espectáculos importantes y shows de televisión, lo que le condujo en 1955 a grabar un primer single, una versión del «Two Hearts, Two Kisses», de The Charms, un grupo vocal afroamericano de Ohio bastante popular por entonces, con el que consiguió su primer número uno en ventas. En 1956, Boone conquistó otro número uno con «I Almost Lost My Mind», una versión del pianista de rhythm & blues Ivory Joe Turner, un éxito que repitió al año siguiente con la popular balada «Love Letters in the Sand», escrita en 1931 por J. Freed Coots. Su último éxito importante lo obtendría en 1962 con «Speedy Gonzales», inspirado en el famoso dibujo animado.

Con la popularidad en lo alto, interpreta numerosas películas, participa en programas de televisión, logra éxito como escritor con un best seller e incluso protagoniza sus propias aventuras en cómic. A principios de los sesenta comienza a dedicar sus energías a la música gospel mientras la moda iba cambiando hacia el rock exportado por los grupos británicos. Desde entonces, se ha convertido en un importante comentarista político y destacado miembro del movimiento conservador, aunque nunca ha abandonado la música del todo, grabando esporádicamente discos de rhythm & blues, rock and roll e incluso alguna estrafalaria incursión en el rock duro.

★

The Big Bopper

El tercer hombre

Jiles Perry Richardson
24 de octubre de 1930 - 3 de febrero de 1959
Sabine Pass, Texas - Clear Lake, Iowa

Su peso en la historia del rock se debe sobre todo a que viajaba en aquel fatídico avión que se estrelló a trece kilómetros del aeropuerto de Mason City en febrero de 1959, pero aquel muchacho simpático fue un figura fundamental en el rock 'n' roll de los primeros tiempos y ayudó a crear futuras estrellas durante el corto tiempo que ejerció como músico, compositor y difusor. Comenzó como disck jockey en la emisora KTRM, de Beaumont, donde hizo también sus primeros pinitos como cantante. De esa época viene su nombre artístico y su afición a escribir canciones, algo que practicó con intensidad durante su servicio militar. Pronto se convierte en un locutor muy popular y en la primavera de 1957 establece un récord mundial al emitir en directo durante seis días seguidos y programar cerca de dos mil temas de rock and roll. Entonces decide dar un paso más en busca de la fama y envía una grabación con sus temas a un productor de Houston que a su vez la hace llegar a Mercury Records, donde graba dos singles como Jape Richardson, ambos en línea country, y otro más como Big Bopper, «The Purple People Eater Meets the Witch Doctor», un tema intrascendente que contenía una cara B, «Chantilly Lace», que en 1958 le llevó al estrellato. En los meses siguientes editó dos temas, «Little Red Riding Hood» y «The

Big Bopper's Wedding», y puso en marcha un espectáculo que su amigo Buddy Holly le propuso incorporar a sus giras.

Su capacidad para conectar con el público uniendo sus habilidades musicales con sus conocimientos del espectáculo radiofónico, mezcladas con importantes dosis de humor, le dieron popularidad más que suficiente para codearse con las incipientes estrellas del rock 'n' roll, hasta que subió junto a Holly y Ritchie Valens a aquella avioneta después de un concierto en Mason City, Iowa, que se estrelló a las pocas horas en el episodio conocido como «El día que murió la música». Un año después de su muerte, su nombre volvió a figurar entre los primeros puestos de la listas de éxito como autor de la canción «Runnig Bear», interpretada por Johnny Preston.

Jimmy Bowen

La voz del contrabajo

30 de noviembre de 1937
Santa Rita, Nuevo México

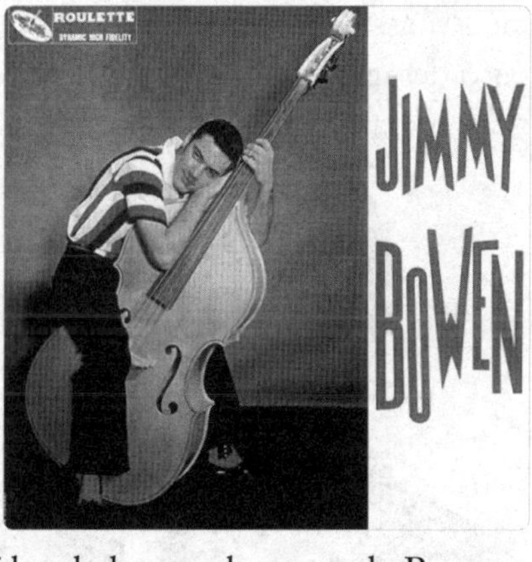

Montó su primer grupo de doo-wop, The Rhythm Orchids, junto a dos amigos, Buddy Knox y Don Lanier, que tras algunos intentos precipitados de grabar un disco, lograron el respaldo de Roy Orbison y su coro, The Roses, y lograron editar en 1956 un single que por una cara llevaba el tema «Party Doll», cantado por Knox, y por la otra «I'm Stickin' With You», cantada por Bowen. El disco pasó de emisora en emisora hasta que llegó a oídos de los productores de Rouette Records, una discográfica de Nueva York que lo reeditó en 1957 dándole todo el protagonismo a Buddy Knox, que inició una carrera en solitario. La discográfica también impulsó la carrera de Bowen como solista y reeditó su primer tema, que se convirtió en un bombazo, llevándolo a una popularidad que se debía en parte también a la particularidad de ser un cantante principal que además tocaba el contrabajo; una popularidad que mantuvo en los siguientes singles «Warm Up to Me Baby», en 1957, «Can She Kiss», en 1958, o «You're Just Wasting my Time», en 1959. A principios de los sesenta intentó hacerse un hueco en el rock and roll para adolescentes con temas como «Teenage Dreamworld», que fueron perdiendo ventas paulatinamente hasta que decidió reconvertirse en productor y trabajar para Frank Sinatra. El siguiente paso fue convertirse en productor de cine y más tarde en uno de los más influyentes personajes del negocio del country.

Jackie Brenston

El creador en la sombra

15 de agosto de 1930 - 15 de diciembre de 1979
Clarksdale, Mississippi - Memphis, Tennessee

A principios de los años treinta, el pueblo de Clarksdale era el centro de efervescencia del blues del Delta. Era el territorio natural de mitos como Robert Johnson o Muddy Waters, con cuya música se crió un pequeño Jackie Brenston, que pronto se reveló como un magnífico saxofonista que no pasó desapercibido a su talentoso vecino Ike Turner, que acababa de poner en marcha The Kings of Rhythm, la banda de rhythm & blues en la

que se incubó buena parte de la evolución al rock and roll. Brenston pasó a convertirse en cantante de la banda cuando la abandonó el anterior titular, Johnny O'Neal. Su ritmo sólido y frenético captó la atención del bluesman BB King, quién les envió a ver a Sam Pihillips, que acababa de poner en marcha en Memphis su discográfica, Sun Records.

El 3 de marzo de 1951, tres años antes de que Bill Haley y Elvis Presley registrasen sus 'primeros' rocks, The Kings of Rhythm graban «Rocket 88», un rhythm & blues desaforado compuesto por Jackie Breston que, si no es el primer rock 'n' roll, se le parece muchísimo. Desdichadamente era la primera grabación de los estudios de Sam Phillips, que no estaba preparado para aprovechar la oportunidad y vendió el tema a Chess Records. Para gran cabreo de Turner, la canción fue editada por unos renombrados Jackie Brenston & his Delta Cats y en poco tiempo llegó al número uno. El enfrentamiento con el líder de la banda hace que Brenston abandone el grupo y durante unos años actúa acompañando a músicos de blues mientras se va hundiendo en el alcoholismo. En 1955 volvió con la banda de Turner, pero en un estado tan lamentable que acabó abandonando, para realizar un último recorrido por clubs de mala muerte antes de morir prácticamente en la indigencia a los cuarenta y nueve años de edad.

Lillian Briggs

La primera reina

3 de junio de 1932 - 11 de abril de 1988
Allentown, Pennsylvania - Miami, Florida

Fue una artista inconformista y adelantada a su tiempo. A principios de los cincuenta no sólo había montado su propia banda de rhythm & blues, The Downbeats, sino que era ella quien la sostenía trabajando como conductora de reparto de una lavandería. A los veinte años se convirtió en la cantante y trombonista de la orquesta de chicas de Joy Cayler y en 1954 fue descubierta por el cazatalentos Jack Petrill gracias a su versión de «Shake, Rattle and Roll», el blues de Big Joe Turner, convertido en rock 'n' roll por Bill Haley ese mismo año. Consiguió un contrato con Epic, participó en conciertos y programas de radio de costa a costa y su absoluta independencia a la hora

de desenvolverse en el mundillo musical, unida a un físico espectacular, la convirtieron en una figura popular en cuanto comenzó a participar en el show de Alan Freed. Su primer single, «I Want You to Be My Baby», una canción de John Hendricks, se colocó en el número 18 de la lista del *Billboard*, vendió un millón de copias y la convirtió en la primera reina del rock and roll. Se convirtió en una asidua a los programas de televisión y festivales más importantes, en los que se codeó con incipientes estrellas como Jerry Lee Lewis o Gene Vincent.

Aunque su estilo un tanto clásico, con una imagen de belleza rubia de revista musical, fue eclipsado por esas asilvestradas estrellas del rock 'n' roll, durante una década permaneció en un lugar respetable del negocio musical con canciones como «Rock and Roly-Poly Santa Claus», en 1955, «Follow the Leader» y «Eddie, My Love», en 1956, «Hey! Ba-Ba-Re-Bop», en 1958 o «Hooray For the Rock», en 1959. También grabó música para películas e incluso actuó en algunas comedias de Hollywood como *The Ladies Man*, junto al cómico Jerry Lewis. Aguantó buena parte de los años setenta participando en todo tipos de programas de televisión hasta que se retiró para dedicarse al los negocios y convertirse en propietaria de un complejo de apartamentos de lujo en Miami. Falleció a los sesenta y seis, después de una vida derrochando estilo, independencia y glamour.

★

Billy Brown

En las brumas del olvido

22 de julio de 1929 - 10 de enero de 2009
Princeton, West Virginia - Smyrna Beach, Florida

En los años de la Gran Depresión, su familia se trasladó a Florida y allí desarrolló su afición por la música country en general y el hillbilly en particular. Durante la Guerra de Corea fue llamado a filas y fue destinado a una base en Alabama con la misión de organizar conciertos y actividades para entretener a la tropa. Cuando se licenció, decidió dedicarse profesionalmente a la música y actuó por todo el medio oeste, evolucionando paulatinamente hacia el western primero y el rock and roll después.

En 1957, cuando actuaba en un club de Atlanta, fue descubierto por Bill Lowery, un cazatalentos local que le proporcionó una grabación con el sello Star, «Did We Have a Party» y «It's Love», un par de buenos rock 'n' rolls que pasaron sin pena ni gloria hasta que llegaron a conocimiento de Columbia Records, que decidió ofrecerle un contrato y relanzar aquellos dos temas con el éxito suficiente como para ser incluido como telonero en giras de algunos de los grandes, como Eddie Cochran. Sus siguientes sencillos, «Meet Me In the Alley, Sally» y «Flip Out», grabados en 1958, apuntan hacia un rockabilly cada vez más afilado. Pero en los siguientes temas, «Next» y «Once In a Lifetime», gira hacia un estilo más suave impelido por la discográfica. Pero el experimento fracasa y en 1959 Brown abandona Columbia después de grabar uno de sus mejores temas: «Run 'Em Off».

En 1960 ficha por Republic, el sello del vaquero cantante Gene Autry, donde graba cuatro canciones, «Lost Weekend», «Look Out Heart (Here Comes Love)», «It Don't Take Long to Learn» y «Out of Reach», que inspiraría la versión de Solomon Burke, editada al año siguiente. Pero la escasez de ventas, mezcladas con un accidente de tráfico, le sumergieron en una época de alcoholismo con arrebatos religiosos que le llevaron a convertirse en predicador y grabar algunas canciones de gospel. En 1969 grabó un single con Challenge Records, «Open Arms», que no tuvo la repercusión esperada y Brown regresó a su alcoholismo primero y a su misticismo después. Murió a los ochenta años prácticamente olvidado.

Roy Brown

Precursor de precursores

10 de septiembre de 1925 - 25 de marzo de 1981
Nueva Orleans, Louisiana - San Fernando, California

Hijo de la cantante y organista de la iglesia del barrio, Roy se crió escuchando gospel, hasta que tras la muerte de su madre se trasladó a California y comenzó una carrera como boxeador profesional que se acabó cuando en 1945 ganó un concurso musical cantando «There's No You», de Bing Crosby. Un año después se mudó a Texas, se convirtió en cantante de blues y actuó con la banda de Joe Coleman, pero tuvo que regresar a Louisiana por un lío de faldas. Consiguió trabajó en el club Palace Park donde comenzó a cantar rhythm & blues. En 1948 consigue lanzar su primer sencillo con el sello De Luxe, «Good Rocking Tonight», una canción en clave de jump blues que había escrito durante su estancia en Texas, que se convirtió en un éxito, sobre todo con la versión que hizo la blueswoman Wynonie Harris y que ha pasado a la historia como la primera verdadera aproximación al rock 'n' roll. De hecho, Elvis la grabó en sus comienzos en Sun Records con una notable acogida. A principios de los cincuenta Brown cosechó numerosos éxitos con temas como «Hard Lucky Blues», «Rockin' al Midnightm», «No Rockin' No More», «Miss Fanny Brown» o «Cadillac Baby», en una continua aproximación al rock que se acentuó en temas como «Black Diamond», grabado en 1954 y que es un auténtico rock 'n' roll en toda regla.

Fue uno de los pocos cantantes afroamericanos que en aquellos años se atrevió a pleitear por sus derechos de autor, demandando a la compañía King Records y consiguiendo que la justicia le diese la razón, aunque eso supuso el principio del declive de su carrera al ser considerado un díscolo en un negocio musical controlado mayoritariamente por blancos. Las cosas se complicaron todavía más debido a problemas con el fisco y acabó en la cárcel a pesar de la ayuda recibida del propio Elvis Presley. Murió a los cincuenta y seis años y su funeral fue oficiado por Johnny Otis, uno de los más grandes bluesman de todos los tiempos, reconvertido en reverendo.

★

Johnny Burnette

Corazón de rockabilly

John Joseph Burnette
25 de marzo de 1934 - 14 de agoto de 1964
Memphis, Tennessee - Clearlake, California

Pasó su infancia y adolescencia en un barrio de familias blancas pobres. En el colegio destacaba en los deportes y decidió hacerse boxeador, que encajaba bien con su carácter un tanto pendenciero, logrando ganar el campeonato local de peso ligero. En ese ambiente coincidió con un boxeador llamado Paul Burlison, que tocaba con bluesmen como Howlin' Wolf y con el que él y su hermano mayor, Dorsey, montaron la primera banda, The Rhythm Ranglers. Actúan en clubs y radios locales, mientras trabajan en una compañía eléctrica en la que conocen a su vecino, Elvis Presley, al que rechazan como miembro del grupo con el que viajan por el país, tocando de garito en garito y metiéndose en todos los líos que encuentran, especialmente Dorsey. Son rechazados por Sun Records pero ganan varios concursos, lo que les permite firmar un contrato con una pequeña discográfica de Nueva York, Coral Records, donde se convierten en The Rock and Roll Trio bajo los auspicios de su mánager, el director de orquesta Henry Jerome.

En 1956 sale al mercado su primer single, «Tear It Up», con el nombre de Johnny Burnette & The Rock 'n' Roll Trio, que se convierte en un tema de culto entre los rockabillys aunque las ventas no sean espectaculares, igual que sus siguientes singles «Oh Baby Babe», «The Train Kept a Rollin'» y «Lonesome Train». En septiembre de ese año quedan finalistas del concurso *Original Amateur Hour*, que es retransmitido por la cadena de televisión ABC en abierta competencia con la aparición de Elvis en el programa de Ed Sullivan, de la CBS. Están en la cresta de la ola y graban un álbum, *Rock 'N Roll Trio*, que pasará a la historia especialmente por el imprescindible «Rock-a-billy Boogie». Pero los ingresos son escasos y las broncas entre los hermanos cada vez más abundantes, hasta que Dorsey decide hacer la guerra por su cuenta, con escaso resultado, justo cuando van a participar en la película de Allan Fred, *Rock, rock, rock!*, tras lo que Burlison también abandona y regresa a casa.

En 1957 Johnny prueba fortuna en California, donde se reúne de nuevo con su hermano, y junto a Joe Campbell deciden resucitar The Rock 'n' Roll Trio, logrando que Paul Burlison abandone sus negocios y se les una durante una breve temporada, antes de regresar de nuevo a casa para acabar haciéndose millonario. Los hermanos Nelson decidieron entonces tirar por el camino de en medio y plantarse ante la casa de la estrella del momento, Ricky Nelson, hasta que se dignase a hablar con ellos, cosa que consiguieron, convirtiéndose en compositores de algunos éxitos del ídolo de las adolescentes como «Believe What You Say» o «Waitin'in School». Pero Johnny insiste en sus propios proyectos y graba una serie de singles sin trascendencia con Freedom Records, una filial de Atlantic, hasta que en 1960 regresa a lo más alto con *Dreamin'*, un álbum que contenía la canción homónima y «You're Sixteen», dos singles que convierten al duro rockero en un ídolo de adolescentes. Tras un nuevo éxito, «Little Boy Sad», en 1962 comenzó a apartarse de los escenarios a medida que el pop británico lo invadía todo y acabó falleciendo a los treinta en un accidente mientras pescaba. Su hermano Dorsey se convirtió en una estrella del country y murió quince años después. Se cerraba así la historia de dos rockabillys tan genuinos que sus hijos se llamaban respectivamente Rocky y Billie.

C

★

Jo Ann Campbell

La Bomba Rubia

20 de julio de 1938
Jacksonville, Florida

Su madre le enseñó los primeros pasos de baile y pronto se convirtió en una destacada majorette e incluso realizó una gira por Europa, actuando para los tropas norteamericanas cuando apenas tenía dieciséis años. A su regreso se instala en Nueva York y entra en el ballet de Johnny Conrad, con el que participa en galas televisivas. Entra como bailarina en el show de Alan Freed, donde descubre el rock and roll y decide abandonar el baile por la canción. En 1956 graba su primer single, «Where Ever You Go?» con RKO y se lleva la primera decepción. La canción no funciona y la discográfica decide no volver a intentarlo, pero Jo Ann está empeñada en ser cantante y participa en un concierto en el Apollo Theater, el templo de la música de Harlem, donde seduce a los representantes de Eldorado Records, que le editan dos temas, «Come on Baby», una composición propia en el más puro estilo rock 'n' roll,

y «Wait a Minute», con una orquestación ligeramente más pop. Estamos en 1957 y Jo Ann se sube al estrellato en el American Bandstand, el espectáculo de Dick Clark,e interviene en la película *Go, Johnny Go*, de Alan Freed, donde interpretó uno de sus temas más famosos, «Mama, Can I Go Out?». Su figura escultural, su voz, su forma de bailar y su estilo de vestir la convierten en 'La Bomba Rubia', la reina de los teddy boys que encadena un éxito detrás de otro: «Rock 'n' Roll Love» y «You're Driving Me Mad» en 1958, «Beachcomber» en1959, «Motorcycle Michael», en 1961 o «I'm The Girl From Wolverton Mountain», la canción que la hizo universalmente famosa en 1962. Poco a poco fue suavizando su estilo para acercarse al universo de los *teenagers* y aprovechó la fiebre del twist protagonizando en 1961 la película *Hey, Let's Twist*. Acabó retirándose de la música poco después de casarse con el productor de Atlantic Records, Troy Seals, famoso por sus temas compuestos para Elvis Presley, Roy Orbison o Jerry Lee Lewis.

★

Ray Campi

El jinete del contrabajo blanco

20 de abril de 1934
Yonkers, Nueva York

Ray Campi pasó sus primeros años en Yonkers, un suburbio industrial de Nueva York que tras la Segunda Guerra Mundial entró en una recesión, y a los diez años se trasladó con su familia a Austin, Texas. Para salir adelante se convirtió en un chico de la calle, un auténtico buscavidas que lo mismo trabajaba de limpiabotas que de repartidor, electricista, o camarero. Pero su gran pasión era la música country. Decidido a hacerse músico, usa los ratos libres para aprender a tocar la guitarra y el contrabajo. A los catorce años monta su primer grupo de música tradicional, Ray Campi & his Camping-Out Cowboys, con la que actúa en festivales en los que adopta un estilo cada vez más dinámico y una nueva personalidad como Ramblin' Ray & The Ramblers. En 1956 edita su primer single, «Caterpillar», volcado en el rockabilly. Un año después monta Ray Campi & The Snappers, consigue un contrato con Dot Records y graba «It Ain't Me», un excelente tema cuyas ventas no acabaron de funcionar.

Colaboró con históricos como Bill Halley, Gene Vincent o Buddy Holly, a quien en 1959 dedicó el primer tema de homenaje, «The Ballad of Donna and Peggy Sue», acompañado por la banda de Big Bopper, fallecido en el mismo accidente que Holly y Valens. Ese mismo año ficha por Domino Records, donde graba una serie de singles como «Screamin' Screamin' Mimi» o «You Gambled». Pero la época dorada del rock and roll toca a su fin y Campi vuelve a dar un giro de nuevo hacia el country. En 1967 comienza a trabajar como profesor de instituto en el Valle de San Fernando, California, y logra una etapa de estabilidad personal. A finales de los setenta fichó por Rollin' Rock Records, cuyo propietario, Ronnie Weiser, relanza su carrera durante la etapa de recuperación del rock 'n' roll a principios de los ochenta, cuando Campi realiza giras por Europa acompañado por The Rockabilly Rebels. Su imagen a lomos de su contrabajo blanco, con brincos y equilibrios al estilo de Bill Black, de la primera banda de Elvis, no solo impactó a los rockers europeos, sino que creó escuela. Desde entonces ha colaborado con artistas de country y rock and roll de todo el planeta y participado en decenas de discos. Y por el momento ahí sigue, incombustible, con su eterna actitud crítica hacia las drogas y la industria musical.

★

Johnny Carroll

Un talento eclipsado

John Lewis Carrell
23 de octubre de 1937 - 13 de enero de 1995
Cleburne, Texas - Dallas, Texas

Johnny era un niño de un pequeño pueblo rural cerca de la base militar de Fort Worth y recibió la influencia de la música blanca (el country de granjeros y vaqueros), y la negra (el blues y el rhythm & blues de los trabajadores y soldados negros). Fue precisamente en Fort Worth donde celebró uno de

sus primeros conciertos, teloneando a Ferlin Husky, un músico de country que se pasaría al rock 'n' roll tras ver a un joven Elvis Presley al que, por cierto, también teloneó Johnny Carroll unos meses después en Dallas. Elvis fue el primer modelo de este músico emblemático del rockabilly que acabó siendo un devoto de Gene Vincent. Bajo la batuta de un caradura llamado Jack Tiger Goldman, su representante, grabó una par de canciones de presentación que gustaron a los ejecutivos de Decca Records, donde en 1956 graba sus primeros temas, «Tryin'to Get to You», «Rock and Roll Ruby», «Corrina, Corrina», «Crazy, Crazy Lovin» y «Hot Rock», en los que la discográfica confundió una letra del apellido y cambió para siempre su nombre artístico. Eran unos rockabillys absolutamente desenfrenados que cosecharon un absoluto fracaso comercial a pesar de los esfuerzos de Tiger Goldman, que incluso produjo una película para promocionarle, *Rock Baby Rock It*. Pero los desvelos del mánager no eran desinteresados y Carroll acabó dándose cuenta de que Goldman le robaba a manos llenas, lo que llevó al enfrentamiento y el final de su relación con Decca.

Eclipsado por las grandes estrellas que interpretan varios de sus temas y tras un desafortunado paso por Sun Records, se instala en Dallas, donde traba amistad con Gene Vincent, para quien compone el tema «Maybe». Pero la vida de Carroll es excesivamente turbulenta y desaparece de primera línea durante una larga temporada, hasta que en 1974, tres años después de la muerte de Vincent, graba el disco de homenaje a su ídolo, *Gene Vincent Rock*. Un año después, Sun Records edita *Rock Baby Rock It*, un álbum que recupera el tema homónimo, grabado hacía casi veinte años y que se revela como un éxito. En 1977 graba con el sello Rollin' Rock, *Texabilly*, un álbum que le devuelve a los circuitos del rock al comienzo del revival, que aprovecha hasta mediados de los ochenta con otros tres LP, *Screamin' Demon Heatwave*, *Crazy Hoy Rock* y *Shades of Vincent*. En su última etapa montó Judy and Johnny Band con su esposa Judy Lindsey, con quien hizo giras habituales por Europa, donde siempre fue más popular que en Estados Unidos. Falleció a los cincuenta y ocho años, cuando era aclamado por las nuevas generaciones de rockers.

Al Casey

Un talento en la sombra

Alvin Wayne Casey
26 de octubre de 1936 - 17 de septiembre de 2006
Long Beach, California - Phoenix, Arizona

Era un auténtico niño prodigio de la guitarra y con solo seis años comenzó tocando con The Sunset Riders, un grupo de hillbilly, y a mediados de los cincuenta se asoció con un joven cantante, Sanford Clark, con el que en 1956 grabó «The Fool», un tema compuesto por el disck jockey y cazatalentos Lee Hazlewood, que tuvo una acogida más que aceptable. Tras grabar algunos temas intrascendentes, el dúo se separó, Clark desapareció y Casey siguió intentándolo con singles como «T.A. Blues» o «Jivin' Around», en 1958, donde toca con Eddie Cochran. Su guitarra comienza a ganar prestigio y sus composiciones llaman la atención de otro gran guitarrista, Duane Eddy, a cuya banda se unió y para el que compuso canciones como «Nemrod» o «Forty Miles of Bad Road», que fueron la base de la carrera de Eddy. A principios de los sesenta montó The Al Casey Combo, con los que en 1963 obtuvo se mayor éxito, «Surfin' Hootenanny», colaborando de nuevo con Lee Hazlewood, que esta vez hacía las funciones de cantante. Pero las ventas se le seguían resistiendo y Case se dedicó una temporada a la música folk, hasta que se integró en Wrecking Crew, una banda formada por músicos de estudio con los que acompañó a estrellas como Frank Sinatra, Simon & Garfunkel o Johnny Cash, entre otros muchos. En los ochenta montó una escuela de música en Hollywood y siguió grabando discos, sólo o en compañía de otros, hasta su fallecimiento a los sesenta y nueve años.

★

Johnny Cash

El eterno Hombre de Negro

26 de febrero de 1932 - 12 de septiembre de 2003
Kingsland, Arkansas - Nashville, Tennessee

Es el poeta del pueblo, el *outlaw* por excelencia, la conciencia de la América profunda, el hombre eternamente de negro que llevó la música country a su más elevada expresión y vivió siempre hermanado con el rock and roll, para cuyos aficionados es una figura mítica. Cash nació en una minúscula comunidad rural, el cuarto de siete hermanos de una familia tan pobre que sus padres, agobiados por la subsistencia diaria, no se preocuparon de ponerle más nombre que las iniciales JR. Trabajó desde la más tierna infancia, en la que sufrió la muerte de su hermano mayor, Jack, como una pérdida

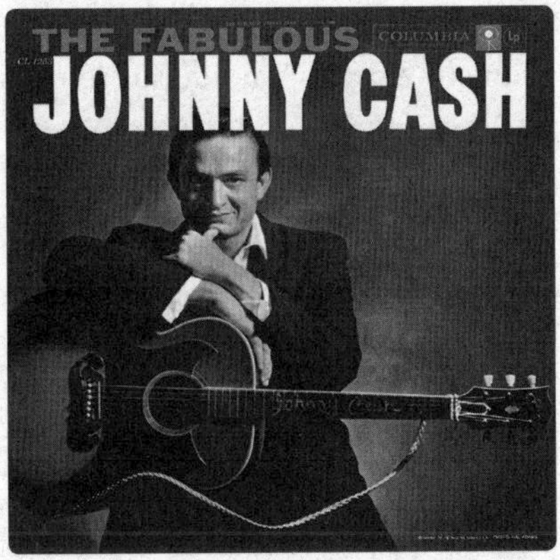

irreparable que marcó su carácter. A los doce años ya componía sus propias canciones inspirándose en los temas country que escuchaba por la radio. A los dieciocho años se marcha de casa y, tras un breve período en una fábrica de Detroit, en 1950 se alista en el ejército y lo destinan a Alemania Federal, donde aprendió a tocar la guitarra y montó un grupo de country, The Landsberg Barbarians. En esa época compone muchos temas que grabaría más tarde, como el famoso «Folsom Prison Blues» y de esa época es también su cicatriz, que le hizo un dentista chapucero. En 1954 regresa, se casa con Vivian Leberto y se muda a Memphis, donde estudia para locutor de radio, vende electrodomésticos a domicilio para ganarse la vida y toca por las noches para divertirse con sus amigos Luther Perkins, guitarrista, y Marshall Grant, bajista. Se hacen llamar The Tennessee Three y su música les lleva a las emisoras locales de radio y a una audición con Sam Phillips, ante el que Cash interpreta una canción gospel que no gusta al propietario de Sun Records.

Pero Cash insiste con un tema propio, «Hey Porter», que en la primavera de 1955 saca al mercado con el nombre de Johnny Cash por primera vez y con «Cry Cry Cry» como cara B, un tema que entró con fuerza en las listas de country a pesar de su peculiar estilo, conocido luego universalmente como *boom chicka boom*, compatible con el incipiente rock 'n' roll que practicaban sus compañeros de discográfica. Con los tres más relevantes, Elvis Presley, Carl Perkins y Jerry Lee Lewis, protagonizó el 4 de diciembre de 1956 un momento histórico con foto conmemorativa incluida. Jerry hacía pruebas en el estudio de grabación, por donde andaba Perkins y por donde acabaron apareciendo Elvis y Cash. Improvisaron una *jam* en la que fueron entrando y saliendo músicos, que fue grabada por casualidad en una sesión conocida como El Cuarteto del Millón de Dólares, en la que por cierto se escuchan grandes halagos a otro de los grandes pioneros: Chuck Berry. Ese mismo año Cash graba «Folsom Prison Blues», un éxito al que sigue «I Walk the Line», un número uno en ventas. En 1957 graba *Johnny Cash Whit His Hot and Blue Guitar*, el primer álbum editado por Sun Records, una compañía con la que Johnny estaba cada vez más descontento y que abandonó en 1958 para irse a Columbia, donde su primer sencillo «All

Over Again», se convierte en un éxito, superado por «Don't Take Your Guns to Town», uno de sus temas más conocidos.

A principios de los sesenta, su adición al alcohol y las anfetaminas le convierte en un tipo conflictivo que sigue componiendo buenas canciones como «Ring of Fire», en 1963, o «Understand Your Man», en 1964. Su mujer le abandona, comienzan sus problemas con la ley, se marcha a Nueva York y entra en barrena hasta que pide ayuda a June Carter, de quien se había enamorado durante sus giras con la Carter Family, una saga histórica del country. June consigue a duras penas que empiece a dejar su atormentada vida y sus problemas con la justicia y juntos logran un Premio Grammy en 1967 con «Jackson». Un año después se casan y Johnny lanza su disco más famoso, *At Folsom Prison*, un álbum grabado en vivo en la cárcel del mismo nombre en una sesión que pasó a la leyenda de la música. A partir de ahí logra abandonar las pastillas durante un largo período y sigue grabando temas históricos como «Man in Black», en 1971. Durante décadas se codea con los más grandes de todos los géneros, del gospel al country, pasando por el rock and roll, del que deja muestras soberbias como el LP *Rockabilly Blues*, de 1980. Siguió triunfando, convertido en una leyenda viva, hasta que en 2003 no pudo soportar la pérdida de June y falleció el 12 septiembre, cuatro meses después de su adorada esposa.

Adriano Celentano

Temperamento mediterráneo

6 de enero de 1938
Milán, Italia

Este pionero del rock italiano montó su primera banda en 1956 junto a los hermanos Ratti, Los Rock Boys, con los que actuaba por los clubs de Milán realizando imitaciones casi paródicas de sus dos grandes ídolos, Elvis Presley y Jerry Lee Lewis. En 1957 ganan el Festival de Rock del Palacio de Hielo de Milán y eso les permite optar a grabar sus primeros singles en 1958, con versiones de rock 'n' roll clásico de los cincuenta. En 1959 fichan por el sello Jolly y graban «Buonasera segnorina», un curiosa mezcla de balada mediterránea y rock and roll, y el twist «La febbre dell hoola-

hop», iniciando una etapa de éxitos con rocks cantados en italiano que se colocan en los primeros puestos de las listas de ventas. Tras el siguiente disco superventas, «Il tuo bacio é come un rock», los Rock Boys se disuelven y Celentano inicia una carrera en solitario que le acabará llevando al estrellato en la música y el espectáculo en general. Tras grabar «Vorrei sapere perché», a dúo con la cantante Mina, participa en un par de películas y en 1960 graba su primer álbum, que todavía contiene una fuerte carga de rock and roll con temas como «Personality», una versión del tema de Lloyd Price, o «Blue Jeans Rock». A partir de entonces se dedicó a ejercer las más variopintas especialidades artísticas y a triunfar como cantante en los más diversos estilos, siempre con un temperamento impulsivo y arrasador que le ha convertido en un icono en su país.

★

The Champs

Tragos de tequila

1958 - 1965
Santa Paula, California

Paradigma de los grupos de un único éxito, estos atildados muchachos californianos son los autores de «Tequila», uno de los temas instrumentales más versionados de la historia del rock & roll. Del éxito al ostracismo, ese podría ser el resumen de esta historia que comenzó cuando el guitarrista Dave Burguess, que andaba en horas bajas como el cantante Dave Dupree, recibió un ultimátum de su discográfica, Challenge Records, para que grabase un single que entrase en las listas de ventas de las Navidades de 1957 o se fuese con la música a otra parte. La amenaza no era en vano, y menos viniendo del productor de la compañía, el cowboy Gene Autry, así que Dupree se hizo acompañar por The Flores Trio, una banda formada por Dan Flores, saxo, teclados y voz, Buddy Bruce, guitarra, y Gene Alden, batería,

a los que se une el bajo de sesión Cliff Hills y graban «Train to Nowhere», una resultona cara A. Pero los otros temas grabados como posible cara B no convencen a nadie y cuando estaban a punto de abandonar, Dan Flores interpretó un tema propio en el que se repetía de vez en cuando la palabra 'tequila' con una poderosa voz latina y un toque tex-mex. De esa sesión de grabación salió un disco de éxito mundial y un grupo de corto recorrido: The Champs. En 1959 obtuvo un premio Grammy al mejor rhythm & blues.

Flores tuvo que cambiar de nombre para tratar de preservar los derechos de autor y pasó a llamarse Chuck Rio. A pesar de los numerosos intentos realizados con temas de sonoridad latina y ritmo pegadizo como «Caramba» o «El Rancho Rock», e incluso de versiones de «La Cucaracha» o el «Limbo Rock», el gran super éxito nunca se repitió, aunque en 1960 tuvieron una buena remontada con «Too Much Tequila». Tras una serie de erráticos cambios, la banda se fue diluyendo a mediados de los sesenta. A pesar de ello, Flores se permite todavía vivir de aquella renta y recibir homenajes como el de 2005, cuando fue coronado como Godfather on Latino Rock.

Bobby Charles

El ancestro cajún

21 de febrero de 1938 - 14 de enero de 2010
Abbevilla, Louisiana - Nueva Orleans, Lousiana

Era descendiente de los antiguos franceses que se instalaron en la zona de los pantanos de Louisiana, conocidos como cajún, con una cultura y un estilo musical propio que fue la base desde la que evolucionó este músico, aficionado también al hillbilly primero y al ryhthm & blues después, contribuyendo a crear las bases del estilo conocido más tarde como *swamp*. Comenzó tocando con una banda llamada The Cardinals y su música acabó llegando a oídos de los productores del sello Chess (que sin verle pensaron que era negro), donde en 1955 grabó un tema de rhythm & blues, «Later Alligator», que a los pocos meses Bill Haley convirtió en el famoso rock and roll «See You Later Alligator» y ensombreció el tema original. Tras grabar un último sencillo para Chess, «Time Will Tell», en 1958 Charles ficha por Imperial Records, donde su carrera entra en cierto declive hasta que conoce a Fast Domino, para el que compone «Walking to New Orleans», que se coloca en el número seis del *Billboard* en 1960. A partir de ahí se dedica a la composición pero la corrupción del negocio musical le escamoteó los beneficios de sus canciones y acabó arruinado y enganchado a las drogas. A principios de los setenta fue recuperado por los miembros de The Band, que en 1976 le invitaron a la grabación de *The Last Waltz*, de Martin Scorsese, donde cantó «Walking to New Orleans».

★

Chubby Checker

Todo por el baile

Ernest Evans
3 de octubre de 1941
Spring Gulley, Carolina del Sur

Su familia emigró a Filadelfia, donde el pequeño Ernest fue a parar al mismo colegio que futuras estrellas como Frankie Avalon o Fabian Forte. Pronto le picó el gusanillo artístico, aprendió a tocar el piano y comenzó a cantar en grupos callejeros. Era un cantante sin demasiados recursos vocales, al que se le daba bastante bien imitar a los grandes del momento como Elvis Presley o Jerry Lee Lewis, pero no logró encarrilar una carrera hasta que un día de 1959, mientras se ganaba la vida trabajando en una pollería, un amigo del propietario, Kal

Mann, que era compositor en Cameo Records, le consiguió un contrato para grabar con su compañía, primero un villancico promocional, «Jingle Bells», y luego un primer single, «The Class», que tuvo unos resultados discretos. También le proporciona una audición con Dick Clark, conductor del famoso programa *American Bandstand*, cuya esposa fue quien propuso el nombre de «Chubby Checker» en una humorística alusión a Fast Domino (*chubby* significa rechoncho y *checker* juego de damas), uno de sus músicos favoritos.

En 1960 graba una versión de un rhythm & blues de Hank Ballard, «The Twist», que se convirtió en un bombazo inmediato, convertido en un estilo de baile que desató una verdadera fiebre mundial a base de su exagerado meneo de caderas y giros de tobillos. De la noche a la mañana Checker se convirtió en una estrella, con continuas apariciones en televisión, protagonizando películas y haciendo conciertos sin parar. Tuvo una carrera fulgurante, plagada de éxitos bailables como «Slow Twistin», «Jingle Bell Rock», «Limbo Rock» o «Let's Twist Again». Fue el único artista que mantuvo cinco temas en lo más alto de las listas al mismo tiempo. Pero a mediados de los años sesenta los gustos del público cambiaron y su fama comenzó a eclipsarse rápida y definitivamente. A pesar de la fortuna que le proporcionó el twist, Checker siempre le culpó de haberle encasillado y eclipsado sus cualidades como *crooner*. Vive prácticamente retirado de la música.

★

Jimmy Clanton

La fuerza de un sueño

2 de septiembre de 1938
Baton Rouge, Louisiana

Jimmy era una *rara avis* en el ambiente musical de la zona de Nueva Orleans a mediados de los cincuenta, donde la inmensa mayoría de los músicos de ryhthm & blues eran negros y practicaban un estilo de rock and roll primitivo que sería conocido como *swamp pop* y en el que Clanton sería una de sus principales estrellas. Montó su primera banda con The Rockets, en 1956, cuando todavía estaba en el instituto. Un año después consiguieron convencer a los productores de Ace Records para que les

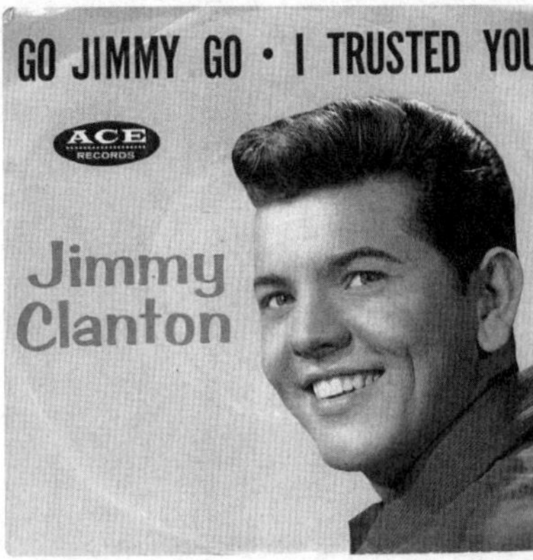

hicieran una prueba, cuyo resultado fue la grabación en 1958 de «Just a Dream», una canción que se aproximaba mucho al rock vocal que llegó al número de las listas de rhythtm & blues y logró unas ventas millonarias. Los buenos resultados y la imagen de buen chico blanco de Clanton, decidieron a la discográfica a apostar por él como solista, para tratar de convertirlo en un rentable cantante para adolescentes. En 1959 su rock 'n'roll «Go, Jimmy Go» llegó al quinto puesto de las listas y la abriría las puertas del cine con su intervención en la película de Alan Freed, *Go, Johnny Go*, a la que siguió en 1960 *Teenage Millonaire*. En 1961 su carrera se interrumpe por su ingreso en el ejército, aunque tuvo oportunidad de grabar algún tema como «Venus in Blue Jeans», una canción de Neil Sedaka que fue número siete del *Billboard*, y «Don't Look at Me» y «Because I Do», que también obtuvieron buenos resultados. Sin embargo, el público adolescente era voluble y a mediados de los sesenta había comenzado a olvidarse de él. En 1969 grabó su último single, «Tell Me», y a principios de los setenta trabajó como disc jockey en una emisora de Columbia, Pennsylvania y también participó en una gira de viejas glorias. En 1995 regresó de nuevo en el Festival de Jazz de Nueva Orleans, junto a Ray Charles, Frankie Ford y Chuck Berry.

★

Joe Clay

La oportunidad perdida

Claiborne Joseph Cheramie
1939
Grenta, Louisiana

Aunque comenzó tocando la batería en un grupo de country, los cazatalentos de la RCA se fijaron en él por su capacidad como cantante interpretando hillbilly y le ficharon para la filial Vik Records, que le buscó un hueco en el

festival Lousiana Hayride como telonero de Elvis Presley, que se presentaba ante un público importante por primera vez desde que había grabado su primer disco. Elvis no levantó oleadas de entusiasmo y Clay llamó la atención sobre todo porque su banda estaba formada por músicos negros, una rareza singular en aquellos tiempos. En 1956 Joe graba su primer single, con «Duck Tail», un contundente rockabilly en la cara A y «Sixteen Chiks», una cara B que no le iba a la zaga y que superó incluso con su siguiente sencillo, con dos canciones, «Get On the Right Track» y «Cracker Jack», que forman parte del catecismo básico del rockabilly más audaz que se hizo a partir de los años ochenta. Entonces llegó su oportunidad de oro, una actuación en directo en el famoso show televisivo de Ed Sullivan, en el que, incomprensiblemente, cantó el almibarado «Only You» de The Platters y consiguió pasar prácticamente desapercibido. Unas semanas después, un Elvis Presley con muchas más tablas que el que había cantado en el Hayride, apareció en el mismo programa y asombró a la audiencia con su «Hound Dog». Elvis era la nueva estrella de la RCA y eclipsó a muchos compañeros de discográfica, como Clay. A partir de entonces se condenó a sí mismo a sobrevivir cantando baladas, usando el nombre de Russ Wayne, hasta que fue rescatado en el revival de los ochenta.

★

The Clovers

Un viaje al origen

1946
Washington D.C.

La historia comienza como tantas otras, cuando tres amigos del instituto, Harold Lucas, Billy Shelton y Thomas Wood, montan una banda de rhythm & blues, The Clovers, que pasa a ser The Four Clovers al incorporarse Buddy Bailey y convertirse en cantante principal. Lo que había nacido como un pasatiempo se profesionaliza. En 1948 Shelton y Wood son sustituidos por Mateo McQuater y Harold Wilney y un año después se suma el guitarrista Bill Harris. El cazatalentos Lou Krefetz les descubre en un club de Washington, se convierte en su mánager y les consigue un contrato con el sello Rainbow, de Nueva York, donde en 1950 editan un primer sencillo, «Yes Sir, That's my Baby», acreditado ya como The Clovers. Krefetz se los lleva entonces a Atlantic Records, donde graban «Don't You Know I Love You», que se convierte en número uno en 1951 y que muchos identifican como la primera grabación de rock & roll. Ese año logran otro número uno con «Fool, Fool, Fool» y otro al siguiente con «Ting a Ling», seguido de un número dos, «One Mint Julep».

Sus letras atrevidas, su llamativa imagen y su potente rhythm & blues los convierten en el grupo del momento, justo cuando Bailey es reclamado por el ejército. Durante dos años su sitio es ocupado primero por Charlie White, con quien graban en 1953 la exitosa «Good Lovin», y después con Billy Mitchell, que cantó éxitos modestos como «Your Cash Ain't Nothin' but Trash» y que permanecerá en la banda al regreso de Bailey. Tras el discreto lanzamiento de «Blue Velvet» en 1955, graban una versión de «Devil or Angel» con resultados aceptables. La cosas van bien, con apariciones regulares en el show de Allan Freed, pero en 1957 vence su contrato con Atlantic Records y pasan una época errática hasta que su mánager monta Alamo Records, que es comprada por United Artist, una carambola que permite a The Clovers grabar un tema de los geniales compositores Leiber & Stoller, «Love Potion Nº 9», que en 1959 se convierte en el mayor éxito de sus vidas. Y entonces comienzan las discrepancias y los abandonos que llevarían al grupo a una larga decadencia en la que incluso habrá dos formaciones paralelas de The Clovers, un nombre que sigue en activo, aunque su final real se produjo en 1962 con el primer abandono de Winley y Bailey.

★

The Coasters

Los reyes del humor

1955
Los Angeles, California

En 1955 los compositores Leiber & Stoller crearon un tema, «Smokey Joe's Cafe» para la discográfica Sparks, que fue interpretado por The Robins y que provocó que Atlantic Records hiciera una oferta a los compositores y a los interpretes para que cambiasen de compañía, cosa que los primeros hicieron mientras que sólo los cantantes Bobby Nunn y Carl Gardne aceptaron. El grupo se completa con Leon Hughes, cantante de The Hollywood Flames, y Billy Guy, cómico y cantante de The Emerlads. En 1956 lanzan sus primeros singles, «Down in Mexico» y «One Kiss Led to Another», que se colocan en los primeros puestos de las listas de rhythm & blues y en los que se apuntan ya las claves de sus posteriores éxitos, letras ingeniosas y puesta en escena divertida deudora de la estética western. Al año siguiente sale al mercado su primer álbum, *The Coasters*, para el que Leiber & Stoller recuperan los éxitos que habían compuesto para The Robins, como «Smokey Joe's Cafe», «Riot in Cell Block Number Nine» o «Loop de Loop Mambo», que sin embargo no cosechan el éxito esperado, mientras que dos temas nuevos, «Young Blood» y «Searchin'», obtienen excelentes resultados, tanto entre el público blanco como el negro, al ser editados como single.

A finales de 1957 Lieber & Stoller deciden llevarse la banda a Nueva York, pero Nunn y Gardner deciden quedarse en California y montar The

Dukes. Son substituidos por Dub Jones y Cornell Gunther, con los que en 1958 graban «Yakety Yak», con King Curtis al saxo, un superventas millonario y número uno en el *Billboard*. Sus siguientes singles, «Charlie Brown», «Pison Ivy», «Alone Came Jones» y «Little Egypt» se convierten también en canciones muy populares. Pero el cambio de ciclo musical a principios de los sesenta, los continuos cambios en la formación y sobre todo la marcha de Leiber & Stoller de Atlantic en 1963, anuncian el final de los buenos tiempos de la formación, que ha sobrevivido en los circuitos de la nostalgia con nuevos e irreconocibles miembros, mientras los históricos iban desapareciendo en el olvido.

★

Eddie Cochran

Edward Ray Cochrane

3 de octubre de 1938 - 17 de abril de 1960
Albert Lea, Minnesota - Chippenham, Inglaterra

Eddie se crió en una comunidad rural de Minnesotta, donde su contacto con el mundo exterior era la radio, que escuchaba siempre que podía para alimentar su pasión: la música. A principios de los cincuenta, su familia se traslada a California y allí, en el distrito Bell Gardens de Los Angeles, conoce la vida urbana y comienza a acercarse en serio a la música a través

de su nuevo amigo Connie Guybo Smith, un bajista con el que hace los primeros pinitos en la trastienda de un negocio de instrumentos cuyo dueño parece ser quien le regaló su primera guitarra, una Gretsch como la que usaría toda la vida. A los 16 años montó The Cochran Brothers con un amigo llamado Hank Cochran con el que no tenía ningún parentesco y que acabaría siendo compositor de country, la música que tocaban fundamentalmente por entonces. En 1955 grabaron con Ekko Records un primer single, «Mr. Fiddle», al que siguió un año después «Pink Peg Slacks», donde se anuncia ya el futuro rockabilly de Eddie. Por entonces conoce a Jerry Capehart, su futuro productor, con quien compone algunos temas que entran de lleno en el estilo musical imperante: el rock 'n' roll. En 1956 graba su primer single en solitario con Liberty Records, «Skinni Jim», que pasó sin mayor gloria. Pero ese año tuvo la oportunidad de participar en la película *The Girl Can Not Help It*, de Frank Tashlin, en la que también intervenían Fast Domino, Little Richard o Gene Vincent. En el film, Eddie interpreta por primera vez su famoso tema «Twenty Flight Roc», la canción que Paul McCartney le enseñó a John Lennon la primera vez que tocaron juntos. Su popularidad comienza a crecer y en 1957 lanza su primer éxito, «Sittin' In the Balcony», una versión de la balada de Johnny Dee. Por esa época el especial sonido de su guitarra comienza a llamar poderosamente la atención del público, los productores y los propios músicos de rock, con quienes comienza a compartir giras y trabar amistad, especialmente con Gene Vincent y Buddy Holly.

En 1958, un tema compuesto a medias con Capehart, «Summertime Blues», se coloca en los diez primeros puestos del *Billboard* y se convierte en una canción decisiva para el futuro desarrollo del rock and roll por la forma en que está cantada y el estilo brillante y metálico de la guitarra. «C'mon Everybody» y «My Way» completan los éxitos de ese año, en el que también participa en la película *Go, Johnny Go*, de Alan Freed. Al igual que «Weekend», «Nervous Breakdown» o «Teenage Heaven», se colocan entre los más vendidos en 1959, un año trágico para Cochran, tremendamente afectado por la muerte de su amigo Buddy Holly junto a Ritchie Valens y The Big Bopper en el tristemente famoso accidente aéreo y a los que dedicó un tema de homenaje, «Three Stars». Eddi entra en una profunda depresión y se encierra en el estudio para hacer lo que mejor sabe: trabajar y componer el mejor rock 'n' roll. Sin embargo, el destino le había deparado un prematuro reencuentro con sus amigos fallecidos. Una tarde de primavera de 1960, cuando realizaba una gira por Inglaterra con Gene Vincent, tuvo un accidente de automóvil con éste y su novia Sharon Sheele, en el que ambos salieron indemnes y Cochran perdió la vida, mientras su última canción «Three Steps to Heaven» triunfaba en todas las emisoras.

★

Jackie Lee Cochran

Instinto felino

5 de febrero de 1934 - 15 de marzo de 1998
Dalton, Georgia - Burbank, California

Tuvo una infancia desarraigada y se crió con distintos familiares mientas su padre cumplía condena por asesinato. Vivió en Louisiana, Mississippi y Alabama, donde su abuela se empeñó en que se alistase en el ejército para apartarle de la música, cosa que consiguió solo a medias, ya que mientras estaba en la Fuerza Aérea en Texas, intervenía regularmente en un programa de radio de Abilene e incluso participó en el Bog D. Jamboree de Dallas. Cuando fue trasladado a la base de Selma, en Alabama montó una banda de country, The Flying C Ranch Boys, con los que actuó por toda la zona de Texas hasta que fue licenciado y se marchó a California. Fue uno de los miles de jóvenes que descubrieron el rock and roll con las primeras grabaciones de Elvis y cuando se cruzó en su camino el cazatalentos Pat O'Donnell se convirtió en Jack the Cat, un músico llamativo músico de rockabilly que en 1956 grabó sus primeros temas, «Riverside Jump» y «Hip Shakin' Mama», con Sims Records, pero los resultados no fueron demasiados buenos. Al año siguiente firmaba con Decca Records y lanzaba otro sencillo con las canciones «Ruby Pearl» y «Mama Don't You Think I Know», que de nuevo pasaron desapercibidas a causa de la falta de acuerdo entre su mánager y la discográfica, En 1958 comenzó un periplo por varias discográficas como Viv Records, donde grabó «I Want You», Spry Records, donde editó «Pity Me» y «Endless Love», en 1959, y el sello Jaguar, donde grabó «I Wanna See You», antes de tirar la toalla y ponerse a trabajar en la compañía aeronáutica Douglas Aircraft. El renacimiento del rockabilly a principios de los setenta le rescató del anonimato y publicó varios discos en Europa, entre ellos Swamp Fox, en 1973, *Rockabilly Legend*, en 1980, *The Lonesome Drifter*, en 1981 o *Jack The Cat*, en 1985. Falleció retirado en California a los 64 años de edad.

★

The Corvettes

Una historia común

1962
Evansville, Indiana

A finales de los años cincuenta el cantante Bill Duzan montó una modesta orquesta de baile que se hizo llamar The Corvettes, como el famoso modelo de Chevrolet, pero en 1962 entraron en los estudios de Duncan Records para grabar su primer sencillo, «Janice», un rock 'n' roll de bastante calidad que pasó prácticamente desapercibido ya que la discográfica cerró. La banda comenzó a pasar por cambios constantes entre sus integrantes, mientras seguían actuando como grupo de respaldo para artistas como Roy Orbison. Pero la década de los ochenta supuso un varapalo para los grupos originales del rock y la formación fue evolucionando hacia otros estilos, grabando un último single reseñable en 1968, en plena explosión hippie. Tras una larga temporada como músicos de carretera, tocando en locales de segunda división, acabaron por retirarse y pasar a engrosar la nómina de grupos que rozaron el éxito sin llegar a atraparlo y a formar parte de la larga lista de grupos que se bautizaron como el famoso descapotable.

★

The Cramps

Las flores del mal

1976 - 2009
Sacramento, California

Por esta formación acabaron pasando quince músicos distintos, pero todo empezó a principios de los setenta, cuando se conocieron Kristy Wallace, más conocida como Poison Ivy, y Erick Purkhiser, apodado Lux Interior, que compartían estudios y aficiones, entre ellas las antiguas películas de terror de serie B y el viejo rock de los cincuenta. Tras una estancia en Ohio, en 1975 se instalaron en Nueva York, donde conocen al guitarrista Gregory Beckerleg, alías Bryan Gregory, con el que al año siguiente, junto a Mirian Linna, forman una banda que mezcla el rock 'n' roll garagero, el punk y la estética siniestra. Meses después, Linna deja su sitio en la batería a Nick

Stephanoff, que también es más conocido por su apodo, Nick Knox. Pronto se hacen populares en la escena neoyorquina que pulula alrededor del famoso local CBGB y del grupo punk The Ramones.

Tras autoproducirse algunos singles con su propio sello, Vengeance Records, en 1979 lanzaron su primer álbum, *Gravest Hits*, con IRS Records y viajaron a Europa para actuar como teloneros de las estrellas de la new wave, The Police. Un año después vio la luz *Songs the Lord Taught Us*, un disco cuyo lanzamiento se fue al garete cuando Gregory desapareció con todo el equipo de la banda para financiarse la heroína a la que era adicto, lo que dio al traste con la gira de presentación. En 1981 graban su tercer LP, *Psicodelic Jungle* y, tras una época de dispersión y de problemas con su discográfica, en 1983 graban un disco en directo, *Smell of Female*, con el que se abre otro paréntesis de cambios internos y alejamiento de los estudio hasta que, en 1987, la discográfica británica Big Beat los ficha para grabar el que sería su disco definitivo, *A Date With Elvis*. Pasarán otros tres años antes de que editen un nuevo disco, el excelente *Stay Sick*, con Enigma Records. Empieza entonces un recorrido por varias discográficas como Warner o Epitah, con continuos abandonos que van haciendo la banda cada vez más irreconocible y comercial. A pesar de que de vez en cuando aparecen en algún concierto y graban algún recopilatorio, la muerte de Lux Interior en 2009 marca el final de esta banda fermento del punk rock y el psychobilly.

★

Crazy Cavan & The Rhythm Rockers

Los locos del ritmo

1970
Gales, Gran Bretaña

Cavan Grogan, más conocido como El Loco, Lyndon Needs y Terry Walley eran tres chavales de un barrio obrero de Gales del Sur, fanáticos del viejo rock and roll en una época en la que prácticamente todo el mundo lo daba por muerto. En 1964 comienzan a moverse por los pubs locales con Count Drácula & The Vampires, una banda de adolescentes sin complejos, con dos guitarras y un cantante solista, que pronto se convirtió en The Sundogs con la incorporación de Brian Thomas al piano y Don Kinsella al bajo.

A pesar de hacer una música completamente pasada de moda, lograron hacerse con un círculo de fieles seguidores de su contundente estilo ,que fue bautizado como crazy rhythm. Para rematar la jugada, en 1970 se incorpora el batería Mike Coffey y la banda se rebautiza como Crazy Cavan & The Rhythm Rockers

En 1973 se autoeditaron un EP con su propia discográfica, *Crazy Rhythm Records*, al que siguió un sencillo, «Teddy Boy Boogie», que sorpresivamente les permitieron darse a conocer en todo el país. En 1975 graban con Rockhouse su primer álbum, llamado inevitablemente *Crazy Rhythm* y actúan en el Liceo de Londres ante miles de fans. Un año después fichan por Charly Records y editan *Rochability*, que les consolida como una de las mejores bandas que recuperaron el género a finales de los setenta y principios de los ochenta. Desde entonces, han seguido sacando discos como *Our Own Way of Rockin*, en 1977, *Red Hot 'n' Rockabilly*, en 1979, *Teddy Jive*, en 1980, *Live at Pickett's Lock*, en 1983 o *It's Wild, It's Weird, It's Crazy*, en 1996, mientras siguen recorriendo el mundo aclamados por los aficionados.

★

Nick Curran

Carisma y energía

Nicholas Michael Curran
30 de septiembre de 1977 - 6 de octubre de 2012
Bidefford, Maine – Austin, Texas

Hijo de un músico profesional, pasó su infancia escuchando clásicos del blues, rhythm & blues y rock 'n' roll y a finales de los ochenta, con el final de la ola de revival del rockabilly, se convirtió en el adolescente más rocker de su pequeña ciudad. Se curtió musicalmente en la banda de su padre, Mike Curran & The Tremors, y tras formar una banda de vida breve, Nick Danger & The Sideburners, a los diecinueve años toca con una leyenda como Ron-

nie Dawson. Su siguiente banda serán Los Jaguards, de la estrella texana del rockabilly, Kim Lenz. Viajó con ellos durante los dos años siguientes y participó en la grabación del mejor disco de Kim, *The One and Only*. También pasó una temporada acompañando al histórico Wayne Hanckok, un renovador del country y el rockabilly. A partir de 1999, se lanza a una carrera en solitario que al año siguiente le lleva a grabar con Jamboree Jecords su primer LP, *Fixin' Your Head*. Monta su propia banda de acompañamiento, The Nitelifes, y sigue produciendo álbumes en los que utiliza viejos equipos de grabación para reproducir fielmente el sonido de los viejos discos de los cincuenta. Con una pureza absoluta de estilo, pero sin desdeñar influencias del blues e incluso del punk, graba tres nuevos discos, *Nitelife Boogie*, en 2001, *Doctor Velvet*, en 2003 y *Player!*, en 2004. En ese año comienza a colaborar con Fabulous Thunderbirds, a los que acompañará durante tres años, en los que no abandona sus propios proyectos, como la banda de punk rock Degüello o la más clásica The Flash Boys. En 2010 volvió a los estudios de Groove Records para grabar, *Reform School Girl*, un disco histórico, no sólo por su calidad musical sino porque se convierte en el último de este artista que el cáncer se llevó a los treinta y cinco años de edad y cuando estaba en su mejor momento.

★

Mac Curtis

Un prototipo del rock

Wesley Erwin Curtis
16 de enero de 1939 - 16 de septiembre de 2013
Fort Worth, Texas - Weatheford, Texas

La biografía de este muchacho de Fort Worth, Texas, podría ser el compendio de los lugares comunes, de las causas y efectos que dan vida y explican el fenómeno del rock and roll. Criado en un pueblo que se autotitulaba

'la puerta del oeste', aprendió a tocar la guitarra siendo un niño con un vecino que le enseñó su repertorio de canciones country y western y comenzó a presentarse a todo cuanto concurso de talentos se le puso por delante, evolucionando hacia el hillbilly.

En el instituto montó su primera banda con dos hermanos, Jim y Ken Galbraith, a quien les une su pasión por una nueva música que llega de Memphis y que se llama rock and roll. Su popularidad entre sus compañeros del instituto llegó a lo más alto el día que se presentó la policía y detuvo el concierto, acusando a Mac de realizar movimientos obscenos desde el escenario, o sea, moviéndose como las estrellas de rock de Sun Records y sobre todo como la más famosa de todas, Elvis Presley. Afortunadamente los miembros del consejo escolar demostraron ser más amplios de miras que la policía y quien les avisase y permitieron a Curtis seguir con sus actuaciones, hasta que un día de 1956 firmó un contrato con King Records para grabar un primer sencillo con «If I Had Me A Woman» y «Just So You Call Me», dos rockabillys contundentes de discreta acogida. Pero la discográfica estaba empeñada en descubrir nuevos y rentables talentos del rock 'n' roll, así que siguieron insistiendo y ese mismo año lanzaron «Granddaddy's Rockin'», «You Ain't Treatin' Me Right» y «That Ain't Nothin' But Right», temas de una excelente factura que llamaron la atención del todopoderoso Alan Freed, que programó a Curtis y su banda en su show televisivo navideño, llevándolos a su mayor cota de popularidad.

En 1957, mientras seguía con sus estudios, lanzó un nuevo single, «Say So» y al año siguiente aún tuvo tiempo de editar un par más, «What You Want» y «Little Miss Linda», antes de incorporarse al ejército y ser destinado a Seúl, de donde volvió en 1960 para encontrarse con que su rockabilly duro y salvaje empezaba a estar pasado de moda. De todas formas lo intentó grabando en una serie de sellos modestos temas como «Come Back Baby», una balada de rock suave de 1960, «Singing The Blues» o «Dance Her By Me», ambos de 1962. Como a tantos otros, los baladistas del rock *teenager* primero y la invasión del sonido británico después, lo eclipsaron completamente y sobrevivió en el circuito del country hasta que en los años setenta, el renacimiento del rock en Europa lo rescató para que volviese a actuar como un viejo pionero y regresase a los estudios para seguir grabando discos. En 2013 falleció en un accidente de automóvil.

D

★

Dick Dale

El rey del surf

Richard Anthony Monsour
4 de mayo de 1937
Boston, Massachussets

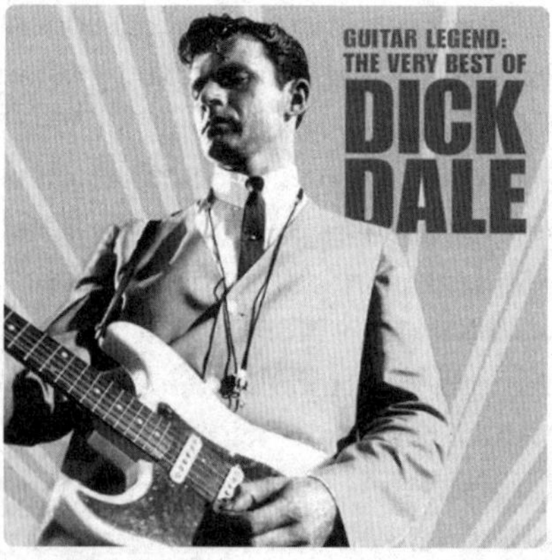

Miembro de una familia de inmigrantes libaneses que se trasladaron de Boston a California, comenzó tocando folclore oriental en el negocio de danza del vientre de un familiar, lo que le dio el dominio de escalas y melodías orientales que le facilitaron un peculiar virtuosismo con la guitarra eléctrica y le convertirían en el rey de la guitarra surf. Montó una banda, The Del-Tones, para amenizar fiestas del ambiente universitario y surfero y acabó creando la variante de rock 'n' roll conocida como surf rock, un género básicamente divertido e instrumental, dirigido a un público juvenil que convertía los conciertos en una prolongación de la playa, hasta en su vestimenta. De las fiestas pasó a montar su propio espectáculo y, dispuesto a ir siempre un poco más allá, fue el primero en utilizar un amplificador de 100 watios, fabricado para él por la casa Fender y con el que consiguió una reverberación inusitada. Aprovechando la buena acogida de su música, montó su propio sello, Deltones Records, donde en 1961 edita «Let's Go Trippin», considerado el primer disco de surf rock que se convirtió en un auténtico fenómeno en la Costa Oeste. En 1962 ficha por Capitol Records y graba *Surfer's Choice*, un álbum grabado en directo en el Rendezvous Ballroom, la sala de fiestas donde se había convertido en un profesional.

Al año siguiente convierte una melodía tradicional de la danza del vientre en el surf «Misirlou» y logra el mayor triunfo de su vida justo cuando la ola surfera está a punto de chocar con la ola del pop británico, a la que Dick intenta hacer frente con discos como *King of the Surf Guitar* y *Checkered Flag*, en 1963, o *Mr Eliminator*, en 1964. A mediados de los sesenta se retira del negocio musical, al que regresará veinte años después tras una serie de avatares y accidentes para apoyar la causa del ecologismo y de paso ganar un Grammy en 1986. Su resurrección definitiva se produjo en 1994, con la inclusión de «Misirlou» en la película *Pulp Fiction*, de Quentin Tarantino.

★

Mark Damon

El secundario

Alan Harris
22 de abril de 1933
Chicago, Illinois

Su vocación era el cine y su meta Hollywood, donde desembarcó a principios de los cincuenta y adoptó su nombre artístico, consiguiendo participar en unas cuantas series de televisión y hacer algún papel secundario en películas de bajo presupuesto. Con la explosión del rock and roll intentó convertirse en un ídolo adolescente e interpretó papeles de rockero salvaje en filmes como *Young and Dangerous*, de 1957 o *The Party Crashers*, una película en la cantaba un par de temas que le proporcionaron cierta popularidad entre los aficionados al rock. Pero su carrera musical no pasó de ahí. En 1960 rodó su mejor película, *House of Usher*, de Roger Corman, y a partir de entonces su carrera se diluyó en papeles secundarios para acabar recalando en el spaguetti western.

★

Bobby Darin

La voz del corazón frágil

Walden Robert Cassotto
14 de mayo de 1936 - 20 de diciembre de 1973
East Harlem, Nueva York - Los Angeles, California

Criado en las calles del Bronx por una madre abandonada, que durante años creyó que era su hermana mayor, tuvo una infancia miserable y enfermiza que le provocó una temprana lesión cardíaca. Fue un adolescente retraído, con alto nivel intelectual y dotes musicales, que a los dieciséis años manejaba con soltura la guitarra, el piano y la batería. Comenzó como animador de centros turísticos y cantante de clubs nocturnos y la leyenda cuenta que se puso su nombre por el letrero de un restaurante llamado Mandarin Duck que había perdido varias letras quedándose en Darin Duck (el pato osado). En 1956 logró su primer contrato con Decca Records, donde había comenzado Bill Haley y en la que graba su primer disco, «Rock Island Line», un rockabilly primitivo con un brutal crescendo, que se acredita como Bobby Darin & The Jaybirds. Tras una frustrada relación con la estrella adolescente Connie Francis, en 1958 ficha por Atlantic Records y con una nueva banda, The Rinky-Dinks, graba «Early in the Morning», un single deslucido tras el que edita «Splish Splash», un rock adolescente que supone un primer éxito de ventas que se repite en 1959 con «Dream Lover», «Queen of the Hop» y sobre todo con su popular «Mack the Knife», una adaptación del clásico de Kurt Weill, «Three Penny Opera», que vendió millones de discos y obtuvo un

Grammy. En 1960 lanza «Beyond the Sea», número uno en el *Billboard*, que le consolida como *crooner*.

A principios de los sesenta dio el salto al cine, escribiendo música para películas y protagonizando comedias para adolescentes que le proporcionaron fama mundial pero que le apartaron de las preferencias del público juvenil, seducido por la *british invasion*. Además, su matrimonio con la famosa actriz Sandra Dee y su dedicación a sus negocios musicales le alejaron de la primera línea del espectáculo, convirtiéndose en un respetado veterano de treinta años. En 1968 participó activamente en la campaña de su amigo Robert Kennedy, que encarnaba las ansias de justicia social que Darin llevaba dentro desde niño, pero su asesinato le sumió en una crisis vital, agudizada por su mala salud, y se dedicó a la canción protesta. En los setenta tuvo su propio show en televisión, actuó regularmente en Las Vegas y trabajó para discográficas como Motown, transitando por estilos alejados del rock 'n' roll. A los 37 años, su dañado corazón se paró para siempre.

★

Ronnie Dawson

El bombardero rubio

Ronald Monroe Dawson
11 de agosto de 1939 - 30 de septiembre de 2003
Dallas, Texas

Su padre era un músico de country retirado que le compró su primera guitarra y le enseña a tocar varios instrumentos, mientras que su madre se lo llevaba a cantar al coro de la iglesia. Con su primera banda, Ronnie Dee & The D Men, en 1956 gana en diez ocasiones seguidas las eliminatorias del famoso festival Big D. Jamboree, donde Ronnie es fichado por el mánager de Gene Vincent. En 1958 graba su primer single para Backbeat Records, «Action Packed», que al igual que el siguiente, «Rockin' Bones» en 1959, le proporcionan notoriedad en su estado natal, donde es conocido como 'The Blonde Bomber'. Su imagen y su impactante actitud en el escenario llaman la atención de Dick Clark, director del *American Badstand*, amo de la canción adolescente y dueño de Swan Records, que distribuye los discos de Dawson y le convierte en una promesa nacional. Pero el descubrimiento de

la trama de sobornos a disc jockeys, que salpica a Clark, hace que la discográfica se tambalee y con ella la carrera de Ronnie. Sobrevive tocando con grupos de country como Lightcrust Doughboys, The Levee Singers o Steelrail, un proyecto de música publicitaria, hasta que en 1986 el productor británico Barney Koumis le propone reeditar sus primeros rockabilly, que se habían hecho populares entre los rockers ingleses gracias a una versión que The Cramps habían hecho de su «Rockin' Bones». Además de resucitar con éxito sus viejos temas, La Bomba Rubia grabó nuevos álbumes como *Monkey Beat!*, *Just Rockin' & Rollin* y *Rockinitis*, el de más éxito. En 1998 regresó a Estados Unidos para grabar un álbum de estudio, *More Bad Habits*, y convertirse en el rey de la recuperación del rockabilly, apoyado además en un éxito comercial gracias a la inclusión de su tema «Yum, Yum, Yum» en la película *Primary Colors*, de Mike Nichols. En el año 1999, Yep Rock Records relanza *More Bad Habits*, que sería su último disco.

★

The Del Vikings

La historia de un enredo

1955
Pittsburgh

A mediados de los cincuenta Corinto Kripp Johnson, Clarence Quick, Bernard Robertson, Don Jackson y Samuel Paterson eran cinco chicos afroamericanos del equipo de baloncesto de las fuerzas aéreas de Estados Unidos, en una base de Pennsylvania, que decidieron montar un conjunto de doo-wop y ganaron unos cuantos concursos de jóvenes talentos. Robert y Peterson fueron trasladados a una base en Alemania, siendo sustituidos por Norman Wright y David Lerchey, que era blanco y convirtió al grupo en una rareza de integración racial en el panorama musical del momento y le

proporcionó un sonido particular. En 1957 Dot Records lanza a nivel nacional un single grabado meses antes con Free Bee Records, su «Come Go With Me», que se coloca en el Top 10 del *Billboard* y logra un disco de oro. Poco después Don Jackson es sustituido por Gus Backus, el segundo blanco del grupo. Pero justo cuando están en lo más alto, se desata una batalla legal a cuenta de su minoría de edad y los contratos que habían firmado y la banda se disgrega en una especie de telaraña de formaciones paralelas con nombres prácticamente idénticos: Del-Vikings, Del Vikings, Dell Vikings y echándole ironía, The Versatiles. A eso había que sumarle que varios de sus integrantes, que llegaron a ser más de veinte, seguían enrolados en el ejército, a pesar de lo cual logran sacar temas como «Over the Rainbow» o «Wispering Bells», popularizada por la película American Graffiti, de George Lucas. Tras una temporada reunificados en The Originals Del-Vikings, en 1965 se vuelven a disgregar hasta que en 1970 graban con Specter Records una nueva, la enésima, versión de «Come Go With Me», que les devuelve a las listas de éxitos justo antes de que se vuelvan a separar. Pese a todo, han logrado sobrevivir a base de substituciones consecutivas que han acabado en herederos de los herederos de los originales, el último de los cuales, Kripp Johnson, murió en 1990.

★

Jackie DeShannon

Un talento aprovechado

Sharon Lee Myers
21 de agosto de 1941
Hazel, Kentucky

La ruina llevó a su familia a emigrar a Illinois, donde Jackie reveló un talento precoz para la música, comenzando a cantar country y hillbilly siendo una niña. Comienza su carrera en 1957 como cantante de country con los nombres de Jackie Shannon, Sherry Lee o Jackie Dee, grabando dos te-

mas, «Buddy», un homenaje a Buddy Holly, y «Trouble», que acaban llamando la atención de Eddie Cochran, quien se la lleva a California para que desarrolle su faceta como compositora junto a Sharon Sheeley, con quien creará temas de éxito como «I Love Anastasia» o «Dum Dum» para artistas como The Fleetwoods o Brenda Lee. A principios de los sesenta ficha por el sello Liberty Records con su nombre artístico definitivo y logra algunos éxitos modestos hasta que, en 1963, logra ser número uno en Canadá con el tema «Needles and Pins» que le otorga la popularidad suficiente para introducirse en el ciurcuito del rock 'n' roll, codeándose con Elvis Presley, con quien tuvo un corto romance, Ricky Nelson o los Everly Brothers. En 1964 participa en la película *Surf Party* y The Beatles la eligen como telonera, junto al guitarrista Ry Cooder, de su primera gira por Estados Unidos. Un año después logra un éxito internacional con «What the World Need Now is Love», un soul sofisticado y pacifista. A partir de ahí consolida una carrera en la que demuestra un enorme talento que la ha llevado a colaborar con músicos de la talla de The Byrds, Jimmy Page, Van Morrison, Rod Stewart o Al Green.

★

Bo Diddley

El constructor de un estilo

Ellas Otha Bates
30 de diciembre de 1928 - 2 de junio de 2008
McComb, Mississippi - Archer, Florida

Hijo de Ethel Wilson y Eugene Bates, un padre efímero, el pequeño Ellas creció en el campo hasta que a los seis años su madre lo mandó al South Side de Chicago, a casa de su primo Gussie McDaniel, que adoptó al chaval, que pasó a llamarse Ellas McDaniel. Estudió trombón y violín y tocó en la banda de la iglesia hasta que se sintió atraído por el blues que interpreta-

ba John Lee Hoocker. A principios de los cincuenta forma un dúo con el armonicista Billy Boy Arnold y se instalan en la calle principal del gueto, Maxwell Street, donde llaman la atención por su peculiar y percutivo estilo, que potenciaban con las maracas de Jerome Green. En 1954, Diddley y Arnold grabaron una maqueta que llegó a manos de Leonard Chess, quien eliminó las partes más obscenas y cambió el nombre, rebautizándolo «Bo Diddley», que grabó en la filial Checker Records y se convirtió en un éxito inmediato, llegando al segundo puesto del *Billboard*. Este primer single llevaba otra bomba en la cara B, «I Am a Man», inspirado en un blues de Willie Dixon que había hecho popular Muddy Waters y del que los Yardbirds harían una famosa versión en 1964. Ambos temas iban más allá del rhythm & blues y alumbraban los compases de un nuevo estilo por el que transitarían los nuevos guitarristas del rock. El origen de su nombre varía según las versiones. Unos decían que venía de sus días como boxeador adolescente, otros que se lo había puesto su madre adoptiva por un cantante amigo suyo y su compadre Billy Boy contaba que venía del título de su éxito «Bo Diddley», que Leonard Chess había copiado de un artista de variedades.

En 1955 se convierte en la primer músico afroamericano que participa en el programa de televisión *The Ted Sullivan Show*, sacando de sus casillas a su todopoderoso presentador. Hasta finales de los cincuenta sigue componiendo éxitos como «Diddley Daddy» y «Pretty Thing» en 1955, «Who Do You Love» en 1956, «Hey! Bo Diddley» en 1957, «Say Man» y «Road Runner» en 1959, «Sixteen Tons», en 1960 y «I Can Tell, You Can't Jugde a Book by the Cover», en 1961. Recorrió el país con las giras que montaba Alan Freed, convertido en una estrella con caprichos extravagantes como su Cadillac delirantemente decorado y sus alucinantes vestimentas. Fue uno de los constructores del primitivo rock & roll a partir del rhythm & blues, compitiendo y colaborando con Chuck Berry, con quien grabó un LP, *Two Great Guitars*, en 1964. Su popularidad empieza a declinar durante los sesenta y su disoluto estilo de vida le lleva a contraer unas deudas a las que hace frente vendiendo los derechos de sus canciones y aceptando conciertos poco acordes con su calidad artística. Fue entonces cuando empezó a actuar habitualmente en Inglaterra, donde contaba con la admiración de ídolos como The Rolling Stones o The Yardbirds. En 1979 fue homenajeado por los reyes del punk inglés, The Clash, en una última demostración de su influencia. Durante los últimos años de su vida luchó para que se le reconociesen los derechos económicos de su obra, que había enriquecido a casi todos menos a él. Murió a principios de junio de 2008 en Florida y su funeral fue una muestra de duelo multitudinario en el que el público coreó su tema de cabecera.

★

Dion & The Belmonts

Las voces de oro del Bronx

1957
Nueva York

En 1957 un joven pandillero llamado Dion DiMucci se une a Carlo Mastrangelo, Freddie Milano y Angelo D'Aleo, unos miembros de una pandilla rival de su barrio, el Bronx, que habían montado un grupo de doo-wop llamado The Belmonts. Su primer single, «We Went Away», grabado con Mohawk Records, pasó sin pena ni gloria, pero tuvieron más suerte con el siguiente «I Wonder Why», grabado en 1958 con Laurie Records y que llegó al puesto veintidós del *Billboard*, superado por el siguiente sencillo «No One Knows», que se cuela entre los veinte primeros.

Un año después colocan dos temas en el Top 10, «A Teenager in Love» y «Where or When». Su potente doo-wop con fuertes dosis de rockabilly les convierte en nuevas estrellas de los programas juveniles y realizan giras

por todo el país, pero la vieja adicción de Dion a la heroína y la llamada a filas de Angelo D'Aleo, acaban fracturando el grupo. En 1962, acompañado por Del Saints, Dion regresa con una canción inmortal «The Wanderers», que llegó al segundo puesto de las listas de rhymthm & blues. Al año siguiente regresa al número uno con «Runaround Sue». En 1963 Dion vuelve a emprender su carrera en solitario, mientras su antigua banda, The Belmonts, entra en una espiral de cambios de miembros y de nombres que les abocan a un declive que llega hasta la actualidad. En 1964, Dion Monta una nueva banda, The Wanderers, y tres años después se reúne por última vez con algunos de sus viejos compañeros para grabar el LP *Together Again*, que será el testamento de una de las mejores formaciones vocales del rock 'n' roll.

★

Dr. Feelgood

El tratamiento contundente

1971
Canvey, Inglaterra

Nacieron como una banda de rhythm & blues integrada por el cantante Lee Brilleaux, el guitarrista Wilko Johnson, el guitarrista Joh Sparks Sparko y el batería John Martin, más conocido como 'The Big Figure'. A principios de los años setenta, mientras Gran Bretaña estaba dominada por el rock progresivo, lograron hacerse populares en el estilo *pub rock*, nacido en los barrios de la periferia londinense, al que aportaron una actitud bronca y agresiva que les convertiría en precursores del punk rock. En 1974 grabaron su primer single «Roxette», seguido del álbum, *Down by the Jetty*, que se convirtió en un éxito inmediato entre su legión de seguidores, al igual que el siguiente, *Malpractique*, lanzado en 1975. Un año después llegaría su primer gran éxito de ventas, *Stupidity*, un álbum grabado en vivo que les

lleva a la cima de su popularidad, con continuas giras y actuaciones, hasta que en 1977, durante la grabación del LP *Sneakin' Suspicion*, los problemas internos llevan al abandono de Wilko Johnnson, que emprende una carrera en solitario, siendo sustituido por John Mayo, el primero de una serie de relevos en el grupo. En 1978 sale al mercado un nuevo LP, *Be Seeing You*, con excelentes temas pero discretos resultados, y en 1979 lanzan *As it Happens*, que contiene el éxito «Milk and Alcohol». Ese mismo año, Mayo se despide de la banda con la grabación de *Let it Roll*, lo que supone el principio de la cuenta atrás, con cambios permanentes en la banda hasta que en 1994 muere Lee Brilleaux, el último componente original.

★

Fats Domino

El pionero de Nueva Orleans

26 de febrero de 1928
Nueva Orleans, Louisiana

El futuro de Antoine Domino se decidió un día a principios de los años cuarenta, cuando trabajaba en una fábrica de somieres y una carretilla le aplastó una mano. Para los médicos la única salida era la amputación, pero gracias a

su contundente negativa la historia del rock and roll no perdió a uno de sus precursores y pianistas más geniales. En 1948 mientras tocaba en un club, es descubierto por un ejecutivo de Imperial Records, donde conoce a Dave Bartholomew, con quien compone su single de debut «The Fat Man», inspirada en «Junker's Blues» de Champion Jack Dupree y que sale a la calle al año siguiente con un nuevo estilo, mezcla del booguie y el rhythm & blues de Nueva Orleans, desembocando en el futuro rock and roll.

El tema llega al número dos del *Billboard* y vende más de un millón de copias. Domino y Bartholomew siguen produciendo éxitos como «Every Night About This Time» en 1950, «Rockin' Chair» en 1951, «Goin' Home», su primer número uno en 1952, «Goin' to the River», segundo en las listas de 1953, hasta «Ain't That a Shame» que entra en el Top 10 en 1955, un éxito que le arrebata Pat Boone con una versión que lo coloca en el número uno de la lista. En 1956 graba su primer álbum, *Carry on Rockin'*, reeditado como Rock and Rollin' With Fats Domino, que contiene temas como «All By Myself», «Poor Me» o «I'm In Love Again» que le colocan en lo más alto y preludian el éxito de «Bluberry Hill» y «Blue Monday», ambos número uno en 1956. Los éxitos siguen a un ritmo más modesto hasta que en 1963 ficha por ABC y su carrera se estanca, aunque ya se ha convertido en una figura mundial y un pilar de la creación del rock 'n' roll. En los ochenta, con una salud delicada, regresa a Nueva Orleans, donde en 2005 le sorprende el huracán Katrina, destrozando su casa, que ha reconstruido y donde vive afectado por el alzheimer.

The Dominoes

El peso de la disciplina

1951 - 1965
Nueva York

Al acabar de Segunda Guerra Mundial, un joven músico afroamericano llamado Billy Ward se instala en Nueva York, donde monta una escuela de gospel. En vista del nivel de algunos de sus alumnos decidió montar un grupo vocal de doo-wop y rhythm & blues llamado Dominoes porque integraba a blancos y negros. Pero la cosa no acabó de funcionar y siguió probando suerte con otras formaciones hasta que con uno de ellos participó en un concurso captando la atención del sello Federal, donde, reconvertidos de nuevo en The Dominoes y con una formación de cantantes exclusivamente afroamericanos, graban un single en 1951, «Do Something For Me», que llega al número seis de las listas de rhythm & blues, un éxito superado por el siguiente sencillo, «Sixty Minute Man», un tema que llegó al número uno en 1952 y que tiene un ritmo que anuncia a voces el inminente rock 'n' roll. Pero Ward era un poco maniático y un poco tirano a la vez y sus restricciones sobre el alcohol y las exigencias de férrea disciplina interna, que por

otra parte era parte de la razón de su éxito, acabaron minando el grupo, que se fue diluyendo a medida que sus integrantes originales lo abandonaban. Aún así, en 1952 obtuvieron otro número uno, «Have Mercy Baby», y en 1953 un número cinco con «These Foolish Things Remind Me Of You». Ese año entra en la banda un joven cantante llamado Jackie Wilson con el que vuelven al número uno con el sencillo «Rags to Riches». Wilson acabó marchándose del grupo para convertirse en una estrella del soul y la banda se disolvió en 1965.

★

Lonnie Donegan

El rey del skiffle

Anthony James Donegan
29 de abril de 1931 - 3 de noviembre de 2002
Glasgiw, Escocia - Market Deeping, Inglaterra

Hijo de un violinista de música clásica, nació en Escocia pero se crió en Inglaterra durante los duros años de la Segunda Guerra Mundial. A los catorce años se compró su primera guitarra y se aficionó al folk americano, al country y al blues. Comenzó tocando por pubs y durante su servicio militar en Viena aumentó su conocimiento de la música norteamericana gracias a sus compañeros del ejército yanqui. A su regreso en 1952 montó su propia banda de jazz, Tony Donegan Jazzband, que fueron teloneros del bluesman Lonnie Johnnson en un concierto en el que el presentador confundió los nombres de los artistas y convirtió a Tony en Lonnie Donegan para toda la vida. Más tarde se integró en la banda Ken Colyer's Jazzmen, en la que tocaba la guitarra y el banjo y en la que aprovechaba las pausas de los ensayos y las grabaciones, que él llamaba *skiffles*, para improvisar música con algunos compañeros. De estas sesiones salió el nombre para un estilo que Donegan practicó por los locales ingleses, en el que con la típica instrumentación del blues acústico rural (tabla de lavar, guitarra acústica y tea-chest bass, una caja de madera para hacer la percusión) creó un subgénero a caballo entre el folk americano, la música de taberna de las Islas Británicas y el rockabilly. El mejor ejemplo de ese estilo fue «Rock Island Line», un single grabado en 1954, que como cara B llevaba otro clásico del folk y el blues del sur de los Estados Unidos. El disco se convirtió en un insospechado éxito, Donegan viajó y triunfó en América, grabó un par de sencillos en una línea similar, «Diggin' My Potatoes» y «Lost John», que se convirtieron en nuevos éxitos y consolidaron un sonido que influiría en los futuros rockeros británicos de los años setenta y ochenta.

E

★

Duane Eddy

Bases del rock instrumental

26 de abril de 1938
Corning, NuevaYork

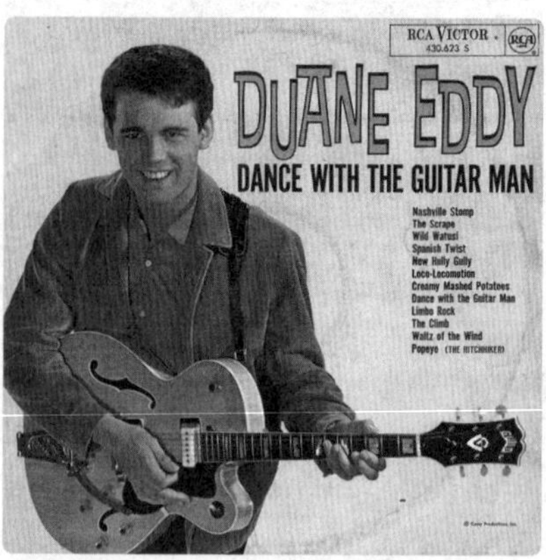

Aprendió a tocar la guitarra siendo un niño, imitando el estilo de su ídolo, el músico de country Chet Atkins, aunque también afirmaba haber sido influenciado por Les Paul o BB King. Siendo un adolescente se trasladó con su familia a Phoenix, Arizona, donde colaboró con el disc jockey Lee Hazlewood, quien le facilitó dos temas para sus primeras grabaciones a dúo con el pianista Jimmy Dell, «Soda Fountain Girl» y «I Want Some Lovin' Baby», que no fueron más allá del testimonio de su temprano talento. Hazlewood fue responsable también del desarrollo del peculiar estilo de Duane a la guitarra, conocido como twangy, y fue autor de «Rebel

Rouser», grabado en 1958, que le proporcionó un éxito fulgurante al frente de su grupo, The Rebels. Durante una actuación televisiva echó mano de un viejo tema de Al Casey, en cuya orquesta había tocado unos años antes, y logró otro rotundo éxito: «Ramrod». En 1959 edita su primer álbum, *Have twangy guitar, will travel*, con un estilo de guitarra que sienta las bases del rock instrumental. Su sonido se impone con temas como «Cannonball», en 1958, y «Forty Miles of Bad Road», en 1959. También intervino en 1960 en la película *Hig School Because They're Young*, en la que cantaba el tema que daba título al film y que se colocó en el Top 10 del *Billboard*. Tras numerosos discos de distintos estilos, que incluían versiones instrumentales de bailes de moda como el twist o el limbo rock, se dedicó a labores de producción y composición y participó en westerns televisivos.

Durante los años setenta recorrió el circuito de la nostalgia, con giras y actuaciones en televisión, y en 1983 regresó a los escenarios colaborando con músicos como Ry Cooder y recuperando viejos éxitos como «Peter Gunn», con una nueva versión que incluía los sintetizadores de Art of Noise y por la que obtuvo un Grammy en 1986. Prácticamente retirado de la música, a finales del siglo XX su nombre volvió a sonar con fuerza cuando Robert Zemeckis decide incluir su música en la película *Forrest Gump*. Figura entre los mejores guitarristas del rock y su peculiar sonido, con mucha reverberación, fue imitado por cientos de guitarristas de su época y dejó como legado el mejor rock and roll instrumental. La marca Guild homenajeó su figura creando una guitarra con su nombre.

★

Esquerita

La extremada genialidad

Eskew Reeder
20 de noviembre de 1935 – 23 de octubre 1989
Greenville, Carolina del Sur - Nueva York

Como tantos niños de su época, comenzó cantando en el coro de la iglesia donde también aprendió a tocar el órgano con gran maestría. Pero en un estado donde la segregación racial estaba a la orden del día, un chaval negro con tendencias homosexuales no lo tenía precisamente fácil y se acabó mar-

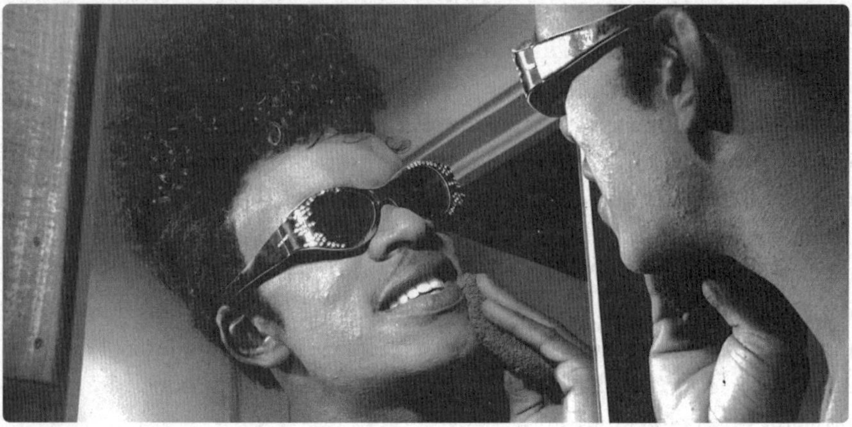

chando a Nueva York, el único territorio donde podía dar rienda suelta a su estrafalaria actitud en los clubs nocturnos, por los que empezó a circular siendo casi un adolescente con unos enormes tupés, unas gafas de sol inverosímiles y una vestimenta exagerada hasta el extremo. Su frenética forma de tocar el piano convirtió su rhythm & blues en un primitivo rock 'n' roll, una técnica que transmitió a otro excéntrico joven negro con el que compartía tendencia sexual: Little Richard, quien le debe buena parte del éxito de sus primeras canciones y en especial de «Tutti Frutti», que en su primera grabación tocó y cantó al estilo Esquerita. Richard también se inspiró en su actitud provocadora a la hora de actuar, pero él grabó antes y con muchísimo más éxito.

En 1958, Paul Peek, antiguo miembro de la banda de Gene Vicent, le dio la oportunidad de entrar en National Records como músico de estudio. Juntos compusieron «The Rock-Around», que lanzaron con Capitol Records, con el nombre de Esquerita por primera vez en los créditos. En 1959 grabó su primer álbum, *Esquerita*, con un acompañamiento de lujo, desde The Jordanaires —los coros de Elvis Presley— a la guitarra de un jovencísimo Jimmy Hendrix, pasando por Dr. John o Allen Toussaint. Creó temas notables con éxito modesto, como «Rockin' the Joint», «Hey Miss Lucy», «Get Back Baby» o «Getting' Plenty of Lovin». Tras una larga desaparición de los escenarios, en 1968 se rebautizó como El Magnífico Malochi y firmó un contrato con el sello Brunswick en un intento de regresar al estrellato, pero sólo fue el principio de la definitiva cuesta abajo. Después de dos décadas pululando de garito en garito con espectáculos cada vez más patéticos, acabó convertido en un *homeless* que murió en la calle a causa del sida y de una existencia vivida al límite.

The Everly Brothers

Semillas de pop

1957 - 2014
Nashville, Tennessee

Don y Phil, hijos de Ike y Margaret Everly, músicos de country, echaron los dientes en el programa que sus padres tenían en la radio y en el que empezaron actuar a temprana edad. En 1953 la familia se trasladó a Knoxville, Tennessee, donde los hermanos conocieron a la estrella del country Chet Atkins. Dos años después se marcharon a Nashville, donde Atkins dirigía los estudios RCA aunque, tras una grabación de prueba, «The Sun Keeps Shining», encaminó a los muchachos al sello Columbia, donde grabaron su primer single en 1956, «Keep a Lovin' Me» un tema country tras el que cambiaron a Candence Records donde en 1958 graban su primer álbum, *The Everly Brothers* que contiene el single «Bye, Bye, Love», un rock cadencioso y suave, que serviría de inspiración para The Beatles y otras futuras estrellas del pop y que se colocó en el número dos del *Billboard* vendiendo un millón de discos. Del mismo LP se extrajo otro número uno, «Wake up Little Suzie», tras el que siguieron sencillos como «All I Have to Do Is Dream» y «Bird Dog», números uno y dos respectivamente. En 1959 lanzan «(Til') I Kiss You», un sencillo de lujo en el que interviene Chet Atkins. Un año después dan el salto a la compañía Warner y graban «Cathy's Clown», un tema para adolescentes que les coloca en la cima de la fama, de donde bajarán de forma abrupta a causa de su adicción a las anfetaminas, muy común entre las primeras estrellas del rock. Tras pasar por el ejército, intentan recuperar la fama perdida pero las modas han cambiado hacia el pop británico, un estilo que ellos habían contribuido a crear con temas como «Let It Be Me», y al que se acercarán más cuando triunfan en Inglaterra con «The Price of Love», en 1965. En 1968 regresan al country rock con «Roots». Cuatro años más tarde graban

Stories We Could Tell, un álbum folk que precede a su primera ruptura, en 1973. Una década más tarde y por mediación de Paul McCartney, se reúnen de nuevo para lanzar «On the Wings of a Nightingale», un éxito moderado que les devuelve a los escenarios, muy alejados de la fama de antaño, hasta que Phil fallece en 2014.

F

Freddy Fender

Corazón chicano

Baldemar Huerta Medina
4 de junio de 1937 - 14 de octubre de 2006
San Benito, Texas - Corpus Christi, Texas

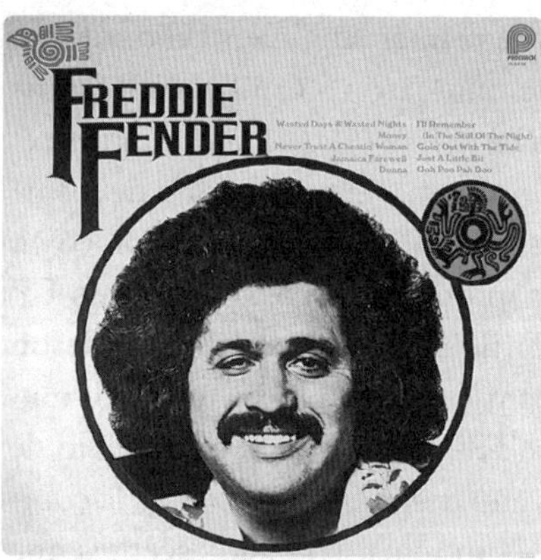

Hijo de una familia de inmigrantes mexicanos, pasó una dura infancia viajando de pueblo en pueblo con su familia en busca de un trabajo. Su primer instrumento se lo fabricó él mismo con una lata y unos alambres, con la que logró tal maestría que a los diez años ganó un concurso de jóvenes talentos interpretando «Paloma Querida», una canción del compositor y cantante mexicano Alfredo Jiménez. Tras un problemático paso por el ejército, a mediados de los cincuenta se instaló en Texas, donde comenzó a tratar de ganarse la vida como músico en los bares de carretera a los que acudían los peones del campo. Dada su vida itinerante había recibido influencias de todos los estilos musicales, desde el blues el hilbilly, pasando por el cajún, así que no tuvo excesivos problemas para adaptarse al ritmo de moda: el rock 'n' roll. Empezó traduciendo a los grandes del momento con canciones como «No seas cruel», versión del original de Elvis o «Encaje de chantilly», una traducción del «Chantilly Lace» de Big Bopper. Convertido en un pionero del rock en español, empezó a editar discos en México que tenían muy buena acogida, siendo conocido como The Bebop Kid, hasta que se rebautizó como Freddy Fender. En 1959 logró su mayor éxito con una balada, «Wasted Days and Wasted Nights», que también grabó en México con el título «Noches y días perdidos». En 1961 grabó para el sello Falcon el single «Rock N Roll», bajo el nombre de Enrique Medina. Pasó una temporada en la cárcel por posesión de drogas y fue liberado por el gobernador Jimmie Davis, que también era músico, a condición de que se buscase un oficio y se alejase de la música. Mantuvo su palabra hasta principios de los setenta, cuando se reconvirtió en cantante de country, consiguiendo en 1974 un número uno con el tema «Before the Next Teardrop Fall». Convertido en el amo de la rama chicana del country, estuvo también presente en la explosión del tex-mex, asociándose a principios de los ochenta con el acordeonista Flaco Jiménez y el guitarrista y cantante Doug Sham para montar los famosos Texas Tornados.

★

Eddie Fontaine

Amistades peligrosas

Edward Reardon
6 de marzo de 1927 - 13 de abril de 1992
Springfield, Massachusetts - Los Angeles, California

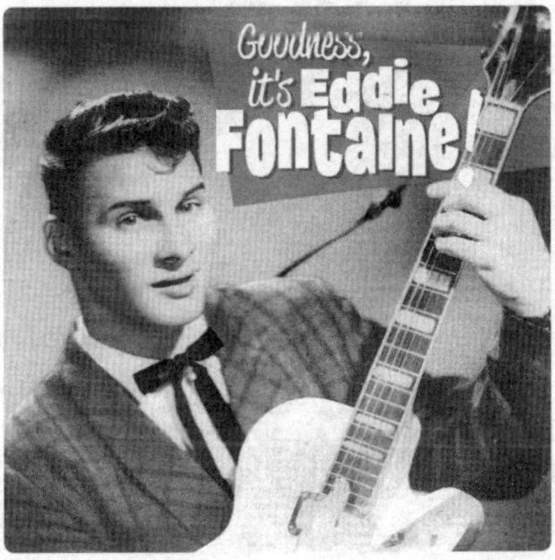

Al poco de nacer Eddie sus padres se trasladaron al barrio neoyorquino de Queens, en cuyo teatro debutó con sólo cinco años. Tras su paso por la Segunda Guerra Mundial se convirtió en un cantante de baladas, pero la llegada del rock and roll le llevó a reconvertirse a ese género y ser fichado por la discográfica RCA, que le promocionó como una estrella del nuevo género. Participó en el show de Alan Feed y en la película de 1956, *The Girl Can Not Help It*, en la que participaban también Little Richard, Eddie Cochran, Fast Domino, entre algunas de las grandes estrellas del momento. Pero ese mismo año RCA compra el contrato de Elvis a Sun Records y Eddie pasa a un segundo plano y decide marcharse par empezar un largo periplo con varias discográficas, en las que grabó excelentes temas como «Cool It Baby», para Decca en 1957, o «Nothin' Shakin' (But the Leaves on the Trees», en 1958 para el sello Argo. Pero el éxito no acaba de llegar y se dedica a cantar en los casinos bajo el control de la mafia, primero en Las Vegas y luego en la Habana, donde le pilló la revolución castrista. Gracias a sus contactos con el crimen organizado se instaló en Hollywood y volvió a cantar y a participar en pequeños papeles de cine y televisión durante los años setenta. En los ochenta, con el renacimiento del rockabilly, volvió a los escenarios para cantar la música de sus orígenes pero sus amigos de la mafia le encargaron el asesinato de un cantante de música country, al que disparó pero no mató. Tras pasar una temporada en la cárcel, su carrera estaba tan acabada como él. Murió a los sesenta y cinco años.

★

Fabian Forte

Una historia de película

Fabiano Anthony Forte
6 de febrero de 1942
Filadelfia, Pennsylvania

Su descubrimiento, que parece sacado del guión de una película, fue obra de un vecino suyo, Bob Marcucci, uno de los propietarios de Chancellor Records, que por aquellos días andaba a la caza de nuevos rostros para el incipiente rock 'n' roll. Mientras Fabian observaba desolado cómo una ambulancia se llevaba a su padre, víctima de un infarto, Marcucci se fijo en el aspecto del chaval y le entregó una de sus tarjetas. Cuando Fabian se tuvo que poner a trabajar para sostener a la familia se acordó de Marcucci y le llamó, consiguiendo una audición que le supuso la grabación de un primer single, «Shivers», un éxito menor tras el que Marcucci y su socio Peter De Angelis se dedican a modelar su imagen al estilo de los cantantes *teenagers* y prepararle para participar en el American Bandstand, siendo elegido Promesa Musical del Año en 1958. Al año siguiente edita una serie de singles superventas, «I'm a Man», «Turn Me Loose», «Tiger» y «Hound Dog Man», éste último incluido en la banda sonora de la película de mismo título dirigida por Don Siegel en 1959 y protagonizada por el propio Fabian, convertido ya en una estrella nacional, adorado por las jovencitas y respetado por los aficionados al rock and roll, algo no demasiado habitual. A principios de los sesenta su carrera musical comienza a declinar mientras su trabajo en el cine le proporciona cada vez más fama con películas como *High Time*, en 1960, *El día más largo*, en 1962, *Ride the Wild Surf* y *Una bala para Pretty Boy Floyd*, en 1970. En las últimas décadas ha permanecido semiretirado, explotando su vieja gloria en Las Vegas y realizando conciertos con fines caritativos.

★

Connie Francis

La fuerza del azar

Concetta Rosa Maria Franconero
12 de diciembre de 1938
Newark, New Jersey

Hija de inmigrantes italianos, desde muy pequeña tocaba el acordeón y cantaba en concursos de televisión como *Children's Hour* o el *Talent Scout Show* de Arthur Godfrey, quien le propuso su nombre artístico y que se dedicase sólo a cantar. Tuvo varias intervenciones en el famoso programa de jóvenes talentos *Starmite Kids* y su padre le graba un disco que logró vender a la compañía MGM por pura chiripa. Curiosamente, el título de una de las canciones, «Freddy», era también el nombre del hijo de Harry Myerson, un ejecutivo de la compañía que decidió ofrecerle el tema como regalo de cumpleaños al niño, aunque el disco fue un fracaso comercial, igual que los siguientes. Pero su voz era perfecta para las películas musicales que producía la MGM y Con-

nie cantó doblando a las actrices de films como *Rock, Rock, Rock*, en 1956 o *Jamboree*, en 1957, el año en el que hizo un último intento antes de tirar la tolla y convertirse en médico. Justo la última canción que grabó, «Who's Sorry Now?», se convirtió en un éxito llegando al número cuatro de la lista de éxitos. A partir de ese momento graba baladas lánguidas como «I'm Sorry I Made You Cry», «My Happiness» o «Among My Souvenirs», hasta que en 1958 lanza un tema compuesto por Neil Sedaka y Howard Greenfield, «Stupid Cupid», un divertido rock 'n' roll, al igual que el siguiente, «Fallin'», ambos con muy buenas ventas. Pero su especialidad son las baladas para adolescentes con las que triunfa entre las chicas, sobre todo tras la noticia del abrupto final de su romance con el cantante Bobby Darin, al que el padre de Connie amenaza para que rompa la relación.

Canciones como «Frankie» o «Lipstick In Your Collar», grabadas en 1959, la llevan a la cima de la popularidad, a la que su padre saca partido llevándosela a los estudios ingleses Abbey Road para grabar una serie de álbumes en italiano, francés, alemán, japonés o español, lo que unido a su aparición en 1960 en la película *Everybody's Somebody Fool*, la convierte en una máquina de vender discos. Aunque sigue colocando en el Top 10 del *Billboard* singles como «Breakin' in a Brand New Broken Heart», en 1961, o «Second Hand Love», en 1962, su popularidad disminuye a mediados de los sesenta y centra su carrera en Europa. A principios de los setenta se retiró temporalmente. Su regreso fue una absoluta catástrofe, aunque no por motivos musicales. Tras una actuación en Nueva York, fue violada y brutalmente golpeada en el hotel donde se alojaba. Aunque recuperó la voz, nunca se recuperó psicológicamente y en los ochenta sufrió graves trastornos mentales, sobre todo tras el asesinato de su hermano a manos de la mafia. Tras regresar a los circuitos de la nostalgia en los años noventa, se retiró definitivamente en 2005.

★

The Four Seasons

Sobreviviendo a las modas

1960
Newark, New Jersey

Es uno de los grupos más longevos y uno de los que ha tenido más componentes, más de cuarenta, pero la formación siempre ha sido pilotada por Frankie Valli y Bob Gaudio, que durante cuatro décadas han mantenido viva una banda que ha transitado por casi todos los estilos, pero que es sin duda uno de los mejores grupos de rock vocal de la historia. Todo empezó en 1954 cuando Frankie Valli y Tommy De Vito montan un grupo de rhythm & blues llamado The Variatones, que dos años después se convierten en The Four Lovers, un cuarteto que publicó un single, «You're the Apple of My Eye», que entró en los puestos bajos de la lista del *Billboard*. En 1958 Bob Gaudio, un joven de quince años que tocaba el teclado y la guitarra, sustituyó a De Vito y dos años después la banda pasó a llamarse The Four Seasons, el nombre de la bolera donde se reunían Gaudio y Valli. Al año siguiente lanzaban con el sello Gone, «Bermudas» un sencillo intrascendente.

Entonces comenzaron a trabajar con el productor Bob Crewe, quien compuso con Gaudio una canción —la famosísima «Sherry»— que les sirvió para ser contratados por Vee-Jay, convirtiéndose en el primer grupo de blancos de la discográfica. El tema se convierte en número uno y vende un millón de copias. En 1962 graban su primer álbum, *Sherry & 11 Others*, que contiene varios singles superventas, y ese mismo año editan *The 4 Seasons Greetings*, al que siguen *Big Girls Don't Cry and Twelve Others*. En 1963 lanzan *The 4 Seasons Song Ain't That a Shame and 11 Others*, con unas ventas sólo igualadas por unos The Beach Boys en la cumbre del éxito. Pero Vee-Jay estaba a punto de morir de éxito al no poder con la carga que supuso su contrato para distribuir a The Beatles, así que The Four Seasons se cambiaron a Phillips Records, donde en 1964 graban *Born To Wander-Tender and Soulful Ballads*. Pero las modas cambiaron, las ventas se desplomaron y su popularidad disminuyó. A partir de 1970 pasaron a llamarse Frankie Valli & The Four Seasons. Siguen actuando con distintas formaciones, siempre con Frankie Valli al frente de la banda y Bob Gaudio dedicado a la composición y producción.

★

Jerry Fuller

El compositor todoterreno

19 de noviembre de 1938
Fort Worth, Texas

Hijo de un músico de country swing, comenzó actuando con su hermano Bob, con quien grabó algunos singles en el sello local Lin Records. A los veintiún años se traslada a Los Angeles y ficha por Challenge Records, donde graba un primer single, «Betty, My Angel», con discretos resultados, tras el que lanza «Tennessee Waltz», un versión rock de un viejo tema country que se cuela en la lista del *Billboard* y le consigue una aparición en el American Bandstand. En 1961 compone «Travelin' Man», una canción destinada en principio a Sam Cooke pero que finalmente se convirtió en un éxito millonario en la voz de Ricky Nelson, para quien siguió componiendo temas como «A Wonder Like You», «Young World» o «It's Up To You».

En 1963 su discográfica se traslada a Nueva York, donde Fuller crea un nuevo número superventas, «Lies», para el grupo The Knickerbockers. En 1967, convertido en un compositor y productor de prestigio, ficha por Columbia, donde lanza a una nueva banda, Gary Puckett & The Union Band, para los que escribe canciones como «Young Girl» o «Over You», todas en un estilo de pop sesentero. Más tarde se pasaría a la psicodelia con grupos como The Peanut Butter Conspiracy. En 1970 montó su propia compañía, Moonchlid, para producir a artistas como el soulman Al Wilson, para quien compuso su gran éxito, «Show and Tell».

Billy Fury

Con las botas puestas

Ronald William Wycherley
17 de abril de 1940 - 28 de enero de 1983
Liverpool, Inglaterra - Londres, Inglaterra

La primera estrella internacional del rock 'n' roll británico fue un niño enfermizo que arrastró una afección cardíaca durante toda la vida. A los catorce años se compró su primera guitarra y comenzó aficionándose al country con unos marineros americanos que conoció trabajando en el puerto. En 1955 montó su primera banda, Formby Sniffle Group, ganó un concurso de talentos y comenzó a escribir canciones, entre ellas «Margo (Don't Go)», una balada dulzona que compuso para Margo King. Decidido a triunfar como fuera, en 1958 se presentó en un concierto de la estrella de rock and roll Marty Wilde, para intentar entregarle alguna de sus canciones, pero a quien acabó conociendo fue a su productor, Larry Parnes, un empresario del espectáculo que lo contrató y le cambió el nombre por Billy Fury, con el que en 1959 graba con Decca Records su primer single, «Maybe Tomorrow», que se sitúa en lo alto de las listas. Al año siguiente sigue en racha con temas como «Colette», «That's Love» o «A Thousand Stars» y graba su primer álbum, *The Sound of Fury*, convirtiéndose en una especie de Elvis británico. Por esa época se unió a The Blue Fames, una banda para cuya formación se presentaron numerosos músicos, entre ellos The Beatles, que fueron rechazados por la actitud desdeñosa de su bajista de entonces, Stuart Sutcliffe. En 1961 salen a la calle «Halfway To Paradise» y «Jealousy», que triunfan en una clave más melódica con la que la discográfica Decca pretende suavizar su imagen de rocker duro y convertirlo en un rentable ídolo de adolescentes. Es su época de gloria. En 1962 protagoniza su primera película, *Play It Cool* y comparte escenario con Elvis Presley. Pero su corazón comienza a dar signos de agotamiento. En 1965 graba «Thoughts of You», su último tema en lo más alto de las listas, y en 1966 deja Decca Records para irse al sello Parlophone, pero una serie de sucesivas operaciones de corazón le van apartando de los escenarios. A pesar de todo, siguió grabando y actuando esporádicamente con figuras como Shakin' Stevens, la estrella de los ochenta. La muerte lo encontró con las botas puestas, en enero del año 1983, cuando regresaba de una actuación.

G

★

Robert Gordon

El guardián de las esencias

Robert Ira Gordon
29 de marzo de 1947
Bethesda, Maryland

Criado en el seno de una familia acomodada de Washingon DC, abrazó el rock 'n' roll a los nueve años cuando escuchó por la radio a Elvis Presley cantando «Heartbreak Hotel». Tras montar una serie de bandas adolescentes de rockabilly clásico, como The Confidentials, con las que no logró ningún reconocimiento en plena invasión del rock británico, abandonó la mú-

sica, se casó, tuvo dos hijos y se trasladó a Nueva York en 1970. Cinco años después se divorció y se reencontró con el rock, que por entonces vivía la convulsión del punk, el estilo de la primera banda en la que se enroló, The Tuff Darts. Logró cierta notoriedad en el entorno del famoso local CBGB, pero aquella no era su música y decidió unir su destino al guitarrista retirado Link Wray, uno de los pioneros del hard rock y del power chord, un estilo fundamental en la forma de tocar la guitarra a partir de los ochenta. Con Wray a la guitarra y el apoyo del productor Richard Gottehrer, Gordon encaminó sus pasos hacia el rockabilly, a cuya resurrección contribuyó de forma fundamental.

En 1977 graba su primer álbum, *Robert Gordon with Link Wray*. La coincidencia del lanzamiento del single «Red Hot» con el fallecimiento de Elvis Presley lo convierte en una especie de sucesor y lo aúpa a una fama que le había sido esquiva. Un año después saca al mercado su segundo LP, *Fresh Fish Special*, con los coros a cargo de The Jordanaries, que acompañaron a Elvis en sus primeros éxitos. Esta identificación con el Rey y su imagen de rockero genuino le convirtieron en un icono de la recuperación del género con temas como «Fire», su primer gran éxito, compuesto por un joven Bruce Springsteen. Tras la marcha de Wray y su sustitución por Chris Spedding, en 1979 graba su disco más famoso, *Rockabilly Boogie* con la multinacional RCA, con quien al año siguiente graba *Bad Boy*, uno de sus mejores discos, pero sin respaldo comercial. En 1981 se desquita con *Are You Gonna Be the One?*, un álbum que vende más de doscientas mil copias. Tras el recopilatorio *Too Fast To Live, Too Young To Die*, en 1982 rompe con RCA y comienza una época errática, con grabaciones de escasa fortuna y problemas personales como la muerte de su hijo o el suicidio de su guitarrista Danny Gatton, que le empujaron por la pendiente de las drogas y la depresión. En 2005 inició un regreso a los escenarios con una desigual fortuna que no empaña la admiración de sus fans y el reconocimiento de su importancia en la recuperación del rock 'n' roll.

H

★

Bill Haley

El rizo del origen

William John Clifton Haley
6 julio de 1925 - 9 febrero de 1981
Highland Park, Michigan - Harlingen, Texas

En marzo de 1955 los cines de Estados Unidos estrenan *Blackboard Jungle*, conocida en España como *Semilla de maldad*, una película sobre los conflictos sociales en un instituto que arrasa entre los jóvenes y que coloca en la historia a la canción con la que comienza el film, «Rock Around the Clock», y al grupo que la interpreta, Bill Haley & His Comets. Para muchos ese momento marca el nacimiento oficial del rock and roll y para todos es el primer éxito del género, con dos millones de discos vendidos y el despegue de un fenómeno cultural clave hasta la fecha.

Haley se había criado en una granja de Pennsylvania donde se aficionó a la música country y aprendió a tocar una guitarra que se había construido él mismo. Era un chico tímido a causa de la ceguera de un ojo, así que cultivó una imagen pulcra y llamativa a la vez, con su eterno rizo de pelo sobre la frente. A los veinte años entra por primera vez en un estudio para grabar con su grupo de entonces, The Downhomers, «Candy Kisses», una canción tradicional de western swing. Monta una banda tras otra: The Range Drifters, The Four Aces of Country Swing y The Saddlemen, siempre con

repertorio tradicional de country y billbilly, aunque con los últimos graba en 1951, «Rocket 88», un rhythm & blues de Jackie Breston que había grabado la banda de Ike Turner unos meses antes en Sun Records y que está considerada por muchos como la primera grabación del rock and roll. En 1952 graba «Rock The Joint», otro rhythm & blues acelerado, esta vez de Jimmi Preston, que no se llama rock 'n' roll sencillamente porque todavía no se usaba. Pero el disco cae en manos del disck jockey Alan Freed, quien empieza a usar el término para presentarlo. Tras ese disco la banda, integrada por Haley, Johnny Grande, Willy Williamson y Marshall Lyttle, pasa a llamarse Bill Haley & His Comets, nombre con el que en 1953 graban «Crazy Man, Crazy», que se coloca en el número veinte del *Billboard*. En ese momento abandonan el sello Essex para pasar a Decca Records, donde en abril de 1954 graban, «Rock Around the Clock», que se convierte en la primera grabación de rock 'n' roll históricamente aceptada, aunque el verdadero éxito llegó con el siguiente tema, «Shake, Rattle and Roll», un blues reconvertido que se coloca en el número siete de las listas y vende más de un millón de copias en los primeros meses.

Pero «Rock Around the Clock» se convertiría en un disco mítico al sonar en las primeras imágenes de la película *Blackboard Jungle* (*Semilla de maldad*) y anotarse con propiedad el mérito de ser la primera canción que se transforma en un fenómeno de masas juvenil, anticipándose en sólo unos meses al «That's All Right Mama». Pero el triunfo trae consigo las primeras disensiones en el seno de la banda a causa del clásico reparto de beneficios y a finales de 1955 parte de la banda se va para formar The Jodimars mientras Haley sigue lanzando un éxito tras otro: «Mambo Rock» y «Razzle Dazzle», en 1955, «Rudy's Rock», «See You Later Alligator», «Don't Knock the Rock» o «The Saints Rock and Roll», en 1956 o «Skinny Minnie», en 1958. Pero el ascenso imparable de estrellas más jóvenes, atractivas y agresivas convierten sus llamativos smokings y su eterno rizo en una antigualla y su popularidad comienza a decaer. En 1961 Haley se marcha a México para grabar con la discográfica Orfeón exitosas versiones de sus temas y adaptaciones del ritmo de moda como «Twist español» y «Florida Twist». Durante más de una década deambula por escenarios de todo el mundo, tratando de sobrevivir de la gloria pasada y haciendo incursiones habituales en la música country, hasta que, a finales de los setenta, es recuperado por la resurrección del movimiento rocker y regresa a los escenarios, fundamentalmente europeos. A principios de los ochenta, con la salud muy resentida, regresó a Texas, donde murió a los cincuenta y seis años, convertido en una leyenda.

Roy Hall

Alma de honky tonk

James Faye
17 de mayo de 1922 - 2 de marzo de 1984
Big Stone Gap, Virginia - Nashville, Tennesee

Pianista precoz y alcohólico prematuro, pasó los primeros años de su juventud viajando de un honky tonk a otro. En esos garitos pulió un peculiar estilo, mezcla de country, boogie woogie y hillbilly. A finales de los años cuarenta montó una banda, Roy Hall & his Cohutta Mountain Boys, con la que grabó seis temas para el sello Fortune, de Detriot, con un estilo de country blues, entre los que sobresalía «Dirty Boogie», una canción que presagiaba el rock 'n' roll que se avecinaba. En 1950 abandona la banda y se traslada a Nashville donde edita un par de sencillos con el sello Bullet, «Mule Boogie» y «Ain't You Afraid», que profundizaban en el hillbilly-boogie, pero que tuvieron una acogida más bien pobre. Tras montar un espectáculo musical en el que era la única estrella y en el que se dedicaba a hacer números de borracho, habitualmente sin fingir, trabajó una temporada como pianista para estrellas del country como Webb Pierce y acabó montando su propio local en Nashville, en el que hicieron sus primeros pinitos Elvis y Jerry Lee Lewis, que no fueron del agrado de Roy. A pesar de su afición a los tugurios y a la botella logró que en 1955 Decca Records le grabase algunas versiones de la música de moda, el rock and roll. Sus interpretaciones de versiones como «See You Later Alligator» o temas propios como «Whole Lotta Shakin' Goin' On», tenían una enorme fuerza gracias a su peculiar estilo de piano, pero tampoco calaron entre el público. Sin embargo la última canción se convertiría en un éxito en manos del joven Jerry Lee, lo que le permitió obtener unas buenas ganancias por los derechos de autor. Pero entre la bebida y su ex mujer acabó en la ruina, tocando frenéticos rockabillys por los locales de Nashville, cada día en peor estado, hasta que falleció en 1984.

★

Johnny Hallyday

El orgullo francés

Jean-Philippe Léo Smet
15 de junio de 1943
París, Francia

A los once años comenzó su carrera artística en el cine, con un pequeño papel en el clásico francés del género negro, *Las Diabólicas*, de Henri-Georges Cluzot, pero fue el descubrimiento de Elvis y su rock 'n' roll lo que le llevaría a convertirse en un icono de la cultura francesa. En 1960 lanza su primer sencillo «Laisser les filles», con el sello Vogue, seguido por «Souvenirs, Souvenirs», la primera canción que le da fama en el resto de Europa. Ese mismo año salen al mercado sus primeros álbumes, *Hello Johnny* y *Nous Les Gars, Nous Les Filles*, cuyo éxito le permite fichar por la discográfica multinacional Phillips que proyecta su carrera como una versión francesa de Elvis. Sus giras por Francia se convierten en todo un

fenómeno, acosado por avalanchas de fans que corean emocionadas sus canciones, en su mayoría traducciones al francés de temas clásicos de rock 'n' roll norteamericano. En 1961 alcanza el millón de discos vendidos con «Viens Danser le Twist», una versión del «Let's Twist Again», de Chubby Checker, un estilo que explota hasta la saciedad con canciones como «Danse le Twist Avec Moi», «Madison Twist», «Sam'di Soir» y «Ya Ya Twist». A partir de 1963 se apunta a la ola surf con temas como «Wap Do Wap» o «Les Guitares Jouent», que mezcla sin empacho con canciones en línea del tradicional pop francés como «Retiens la Nuit», de Charles Aznavour.

En 1965 llega a la cima de la popularidad coincidiendo con su boda con la actriz Silvie Vartan. A finales de los sesenta, siguiendo la moda imperante, encauzó su música hacia el pop y la psicodelia y una década después se vuelve aupar al carro del revival del rockabilly. A mediados de los ochenta logra uno de sus mayores éxitos de ventas con una melodía nostálgica, «Quelque Chose de Tennessee» y además cuaja una carrera como actor de género negro. Desde entonces su popularidad ha ido eclipsándose, aunque en el año 2000 dio un concierto bajo la Torre Eiffel al que asistieron medio millón de personas.

Dale Hawkins

El sonido del pantano

Delmar Allen Hawkins
22 agosto de 1936 - 13 febrero de 2010
Golden Mine, Louisiana - Little Rock, Arkansas

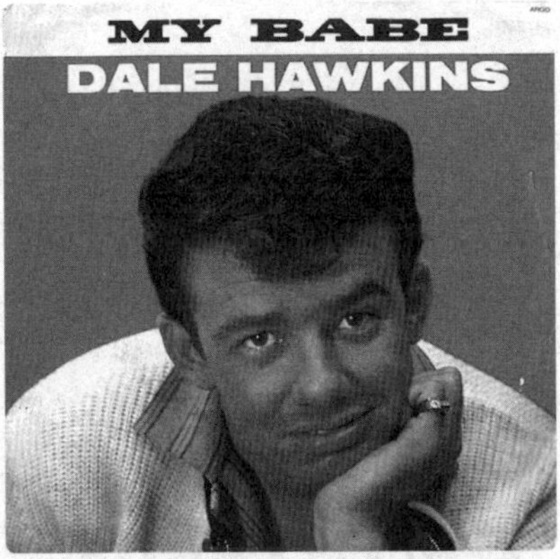

Nacido en plena Depresión en una de las zonas más pobres de los pantanos de Louisiana, sus primeras influencias fueron el blues, la música cajún, el gospel y el country que interpretaba su padre, fallecido prematuramente, tras lo que Dale fue enviado a vivir con unos familiares a Shreveport, donde escuchó los primeros temas de rock 'n' roll y swamp rock que emitían las radios locales y que decidieron su vocación musical. Se enroló en la Marina a los dieciséis años, mintiendo sobre su edad, y a su regreso comenzó a trabajar en una tienda de discos y en la KWKH, una emisora especializada en música country, donde Hawkins se hizo notar con un estilo más evolucionado hacia el ryhthm & blues primero y el rock and roll después. Grabó su primer single en Checker Records, una filiar del sello Chess. Se trataba de «See You Soon Baboon» una canción que preconizaba su «Suzie Q», en el que tocaba su amigo James Burton, un guitarrista que acabaría formando parte de la banda de Elvis Presley. El tema se convirtió en un éxito absoluto en 1957 y se haría universalmente famoso en la versión de Creedence Clearwater Revival.

A finales de los cincuenta tuvo su propio show televisivo y fue el primer blanco que tocó en el teatro Apollo de Harlem, templo del blues y el rhythm & blues. A esa época pertenecen temas como «Teenage Dolly» y «Little Pig», grabados en 1958, «Back to School Blues» y «Take My Heart», en 1959 y «Every Little Girl», en 1960. Cuando el rockabilly perdió fuelle frente a nuevas modas musicales, se dedicó a la producción de bandas hasta que se retiró a mediados de los ochenta para desengancharse de su adicción a las drogas, tras lo que volvió a los escenarios con más de cincuenta años para grabar un par de discos, *Wildcat Tamer*, en 1999 y *Back Down to Louisiana*, en 2007, que pusieron un honroso final a su carrera musical.

Ronnie Hawkins

El trepidante Mr Dynamo

Ronald Hawkins
10 de enero de 1935
Huntsville, Arkansas

Fue uno de los pioneros que contribuyeron al tránsito del ryhthm & blues al primigenio rock 'n' roll, injustamente olvidado durante años y que ha pasado a la historia musical fundamentalmente por ser el creador de The Hawks, antes de que estos pasasen a ser The Band como banda de Bob Dylan en sus primeras giras tras su electrificación. En 1957, durante el servicio militar, montó su primera banda, The Black Hawks, un grupo formado por blancos y negros, cosa que les acarreó bastantes problemas durante aquellos años de férrea segregación racial. Tras la ruptura del grupo, Ronnie se traslada a Memphis y hace un fracasado intento de grabar con Sun Records, y en 1958 decide irse a Ontario, Canadá, donde refunda su banda como Ronnie & The Hawks, que en 1959 graban su primer álbum, *Ronnie Hawkins*, que para muchos marca el comienzo de la difusión del rock and roll en Canadá. En 1960 graba *Mr Dynamo*, el apodo con el que se le conocía a causa de su enérgica forma de moverse en el escenario.

A ese LP le siguen *Sings the Songs of Hank Williams*, en 1961, *The Best*, en 1963 y *Mojo Man*, en 1964, el año en que The Hawks deciden hacerse autónomos para acabar convirtiéndose en el grupo The Band. Hawkins se convirtió en una estrella de la televisión y popularizó un paso de baile llamado *camel walk*, un precursor del *moonwalk* de Michael Jackson. A pesar de los avatares de las modas musicales, Ronnie Hawkins ha seguido tocando rock 'n' roll clásico en Canadá, donde se ha convertido en una respetada vieja gloria.

★

Screamin' Jay Hawkins

El excéntrico precursor

Jalacy Hawkins
18 de julio de 1929 - 12 de febrero de 2000
Cleveland, Ohio - Neuilly Sur Seine, Francia

Pasó su infancia en una reserva india, donde se reveló como un niño prodigio cuyo talento musical corría parejo a su habilidad como boxeador, llegando a ganar un Guante de Oro en 1943. Participó en la Segunda Guerra Mundial, montando espectáculos para entretener a la tropa y acabó en un campo japonés de prisioneros. En 1952 trabaja como chófer para el jazzman Tiny Grimes, quien le incluye en su banda y le permite grabar un tema propio, «Why Did You Waste My Time». Pero el estilo de Hawkins y temas como «Blues Screamin» eran demasiado estruendosos para los gustos de la época de la discográfica Gotham, que se deshizo de él a causa de sus continuas peleas con compañeros y productores. Dos años después entra en

la banda de Fast Domino, quien también lo despide el día que lleva su excentricidad hasta el extremo de presentarse a tocar con un traje de leopardo.

De 1956 es «I Put a Spell On You», un tenebroso rhythm & blues que ha sido incluido entre los temas que dieron origen al rock & roll y que en su día fue boicoteado por muchas emisoras de radio. Cuenta la leyenda que fue compuesto por un Hawkins tan borracho que al día siguiente no era capaz de recordarla, así que tuvo que aprendérsela a partir de lo que había grabado en el estudio. Su imagen y su música lo convirtieron en una rareza que animaba los circuitos de conciertos que montaba Alan Fred, quien dio alas a su delirante puesta en escena el día que le propuso que tocase saliendo de un ataúd. Eso sucedió en 1957 y así siguió a partir de entonces, con una estrambótica mezcla de escenografía vudú y blues descarnado. En los años sesenta y setenta realizó numerosas giras, la mayoría por Europa. En 1990 se instaló en Francia, donde falleció una década después.

★

Bobby Helms

Campanadas navideñas

Robert Lee Helms
15 de agosto de 1933 - 19 de junio de 1997
Bloomington, Indiana - Martinsville, Indiana

Nacido y criado en una pequeña población rural, en 1956 Bobby se instaló en Nashville, firmó un contrato con Decca Records y en 1957 consigue su primer éxito con «Fraulein», número uno en las listas de country, logro que repite a los pocos meses con «My Special Angel», una balada de rock and roll. Pero la canción por la que pasaría a la historia del rock 'n' roll la grabó a finales de ese mismo año con «Jingle Bell Rock», el primer villancico del rock, por llamarlo de alguna forma. Fue el tema más vendido de esas navidades y de las de los cuatro años siguientes y se convirtió en el reiterado tema estrella del programa de Dick Clark, *American Bandstand*, por esas fechas. Aunque todavía grabaría temas muy populares, como «Jaqueline», en 1958, «New River Train», en 1959 o «Lonely River Rhine», en 1959, su nombre se asoció siempre con las navidades y su canción ha sido versionada y reeditada durante más de cincuenta años. Practicó siempre un estilo híbrido entre el country, el doo-wop y el rock 'n' roll suave. Su labor como pionero y su aportación sentimental al rock fueron reconocidas con su entrada en el Salón de la Fama del Rockabilly.

★

Buddy Holly

El chico refinado

Charles Hardin Holley
7 de septiembre de 1936 - 3 de febrero de 1959
Lubbock, Texas - Clear Lake, Iowa

Buddy, como era conocido familiarmente, se crió en una zona rural y era todavía un niño pequeño cuando comenzó a tocar música country y bluegrass en fiestas campestres con sus hermanos Larry y Travis. En 1953 monta un dúo con su amigo Bob Montgomery, Buddy & Bob, que tuvo su propio programa de radio y que grabó un par de canciones, «I'll Just Pretend» y «Take These Shackles From My Heart». En 1954 tienen la oportunidad de actuar antes del concierto que Elvis Presley da en Lubbock, y Buddy, como le sucedería a tantos jóvenes de aquellos días, se queda enganchado al rock and roll, al que él añadió su personal dosis de sonido tex-mex.

Tras integrar en la banda a un contrabajista, Larry Welmon, y un batería, Jarry Allison, grabaron unas maquetas de presentación que enviaron a varias discográficas logrando captar el interés de Decca Records, donde en 1956 graba «Blue Days, Black Nights» y «Modern Don Juan», dos singles con un personal estilo de rock 'n' roll que no acababa de gustar a la discográfica que rescindió su contrato en 1957, después de grabar una serie de sencillos como «That'll Be the Day», «Rock Around With Ollie Vee», «Love Me» o «You Are My One Desire», desechados por la compañía. Como Decca le exigía por contrato estar cinco años sin grabar con otra compañía, Buddy decide ponerse en manos del productor Norman Petty y divide sus grabaciones en-

tre Coral Records, una filial de Decca donde figura como Buddy Holly, y el sello Brunswick, donde graba como The Crickets. En los estudios de Petty en Nuevo Mexico regraban «That'll Be the Day», editado por Brunswick, que llega al número uno. Meses más tarde su tema «Peggy Sue», un homenaje a la novia del batería, se sitúa en el número tres de las listas y confirma su ascendencia hacia el estrellato. Realizan continuas giras por el circuito del rock and roll, donde Buddy sorprende por su imagen de chico formal y su refinado pero contundente rock and roll y sacan al mercado uno tras otro singles populares como «Oh Boy», «Everyday», «Rave on» o «It's so Easy».

Buddy cierra 1957 con un álbum, *The Chirping Crickets*, que contiene sus mejores canciones, algunas de ellas firmadas como Charles Hardin, debido a sus eternos problemas con Decca. Al año siguiente, Coral Records lanza un segundo LP, *Buddy Holly*, mientras éste se casa, se traslada y comienza un distanciamiento con Petty que desembocará en su separación de los Crikets. Aunque sigue lanzando buenos rock 'n' rolls como «Maybe Baby», «Rave On» o «Think it Over», todos en 1958, comienza también a grabar baladas con una orquestación edulcorada como «True Love Ways», «Raining in My Heart» o «Moondreams». A pesar de que sus discos se venden como rosquillas, sus problemas con Decca sobre los derechos de sus canciones le mantienen en una precariedad económica que solventa a base de participar en toda cuanta gira se le pone por delante. En una de ellas, la Winter Dance Party, durante una cruda noche del invierno de 1959, el avión en el que viajaba junto a Ritchie Valens, Big Bopper y el piloto Roger Peterson, se estrelló cerca de Clear Lake. Con él desaparecía uno de los músicos más innovadores e influyentes del original rock 'n' roll de los cincuenta.

Johnny Horton

El pescador cantante

John Gale Horton
30 de abril de 1925 - 5 de noviembre de 1960
Los Angeles, California - Milano, Texas

Pasó su infancia viajando por California con su familia, que trabajaban como jornaleros en el campo. Su primera vocación fue el baloncesto, gracias al que entró en la universidad, pero abandonó los estudios para lanzarse a la aventura y marcharse con su hermano a Alaska a buscar oro, una experiencia infructuosa tras la que tuvo que convertirse en pescador hasta que pudo regresar a Texas y buscarse la vida como músico. Tras ganar un concurso de jóvenes talentos, al que se presentó como The Singing Fisherman, actuó en el festival Louisiana Hayride y montó The Roeleys, una banda country que más tarde rebautizaría como The Roadrunners. Poco a poco su estilo fue derivando al hillbilly y el honky tonk country que llamó la atención de Fabor Robinson, un productor con fama de fullero que le consiguió un programa en una televisión local, titulado también *The Singing Fisherman*, y le editó algunos singles con su propia discográfica, Abbott Records, sin ninguna repercusión. En 1952 ficha por Mercury Records, donde graba temas con muy buena acogida, como «The First Train Headin' South» y «The Devil Sent Me You», en 1952 o «Tennessee Jive» en 1953, el año en que su popularidad se vio incrementada por la vía matrimonial, al casarse con la viuda del mito de la música country Hank Williams. En 1956 graba para Columbia dos singles: «Hony Tonk Man», que llega al noveno puesto de las listas, y «I'm a One Woman Man», que llega al séptimo. Ambos marcan el inicio de su deriva hacia el rockabilly, algo que se confirma en los siguientes: «I'm Coming Home» y «The Woman I Need», en 1957, «Let's Take the Long Way Home» o «Lover's Rock», en 1958. Al año siguiente reconduce su carrera hacia un country más tradicional con temas como «Johnny Reb» o «When it's Springtime in Alaska» y alcanza su mayor cota de popularidad con «North to Alaska», tema central de la película del mismo título dirigida por Henry Hataway y John Wayne en 1960. Será su último éxito, porque ese año su coche se estrella contra un camión y pierde la vida.

★

Johnny and The Hurricanes

Cuando el rock se hizo acústico

1958 - 1966
Toledo, Ohio

Todo comenzó a finales de los cincuenta, cuando John Pocisk, hijo de unos emigrantes del este europeo, decide convertirse en un músico llamado Johnny Paris y reúne a un grupo de amigos del instituto para montar la banda pionera del rock 'n' roll instrumental. En 1959 graban su primer tema «Crossfire», con un sonido absolutamente nuevo, fruto de su forma de tocar y del eco provocado expresamente al grabar el disco en un cine vacío. El tema se convierte en un éxito apreciable que presagia el de su siguiente sencillo «Red River Rock», que llega al número cinco de las listas y vende un millón de discos. Trataron de repetir con «Reveille Rock», en 1959, inspirado en un toque de corneta militar; «Beatnik Fly», en 1960, un tema popular de mediados del siglo XIX; «Down Yorder», una versión de una vieja canción sureña; y «Ja-Da», en 1961, un estandar de jazz de los años veinte, pero cada vez están más abajo en la lista del *Billboard*, en la que ya no volverán a entrar. Poco a poco los Hurricanes van desertando de la banda. A principios de los sesenta la moda de su estilo instrumental sucumbe ante la avalancha de pop británico, al que tratan de adaptarse con temas como «Judy's Moody», en 1965, en el que Johnny Paris hace el papel de cantante. Lo siguiente será adentrarse en la senda de la psicodelia pop, previa a una temporada como músico de carretera camino del retiro, de la que sale en los ochenta para actuar en giras por Europa actuando ante un nuevo público que le acoge como a una vieja gloria. Siguió en activo hasta que falleció en el 2006.

★

Hurriganes

El huracán nórdico

1971
Helsinki, Finlandia

La banda, conocida originalmente como Hurriganes Ilta, fue producto del encuentro de tres rockeros recalcitrantes: el batería y cantante Remu Aaltonen, proveniente de grupos como The Creatures o The Steeles, el bajista Cisse Häkkinen, de los Coyotes, y el guitarrista Ille Kallio, de The Witchraftin, quien al poco tiempo fue sustituido por Albert Järvinen. Su rock and roll clásico estaba completamente pasado de moda en aquel tiempo y ante la falta de interés de la discográficas montaron su propio sello, Love Records, donde en 1973 grabaron su primer álbum, *Rock and Roll All Nite Long*, que, pese a que acabaría siendo disco de oro, tuvo una discreta acogida inicial pero les facilitó la entrada en Sonet Records para grabar, *Roadrunner*, en el que junto a versiones de grandes clásicos destacaba un tema contundente, «Get On», que se convirtió en un superventas en los países nórdicos. En 1974 sale al mercado *Crazy Days*, un álbum que contenía el éxito «My Only One», seguido de *Hot Wheels*, en 1976, y *Tsugi Way*, en 1977, dos álbumes bastante desiguales aunque con su contundente estilo, en línea con el pub rock británico. Curiosamente, a mediados de los setenta, cuando comienza el resurgir del rockabilly, su popularidad disminuye y comienza su decadencia con vaivenes en los integrantes de la formación y cada vez más alejados del rock original. El alcohol, las drogas y las peleas fueron eclipsando a la banda. En 1980 regresan momentáneamente a las listas de ventas con «Bourbon Street», incluido en el LP *10/80*. En 1984 graban su último disco, *Hurrygames*, y la banda se desperdiga. Remu entra en prisión por un asunto de drogas, Häkkinen muere en 1990 a consecuencia de sus excesos con la bebida, sólo cuatro meses antes de que Järvinen fallezca por sobredosis de pastillas. Aunque a la salida de prisión Remu ha intentado reflotar el grupo con formaciones dispares, ese fue el final de la banda.

J

★

Wanda Jackson

La Reina del Rockabilly

Wanda Lavonne Jackson
20 de octubre de 1937
Maud, Oklahoma

Hija de un músico de country, comenzó cantando en fiestas escolares y emisoras locales de Oklahoma City, donde fue descubierta por el cantante Hank Thompson, quien le propuso entrar en su banda, con la que en 1954 salta a la fama interpretando un tema a dúo con Billy Gray. Se trataba de «You Can't Have My Love», una canción editada por Decca que le proporcionó sus primeras giras en el circuito del gospel y el country. Ahí se produjo su segundo descubrimiento, obra de un joven Elvis Presley que, impresionado por su voz, la animó a seguir la senda del rock and roll. Su amistad con el Rey, al que teloneó en numerosas ocasiones, le proporcionó una nueva dimensión musical y un anillo que desde entonces luce como recuerdo. En 1956 ficha por Capitol Records y graba «I Gotta Know», una canción que transita del country al rockabilly y que la aúpa por primera vez a las listas de éxitos. Un año después lanza un nuevo hit, «Fujiyama Mama», una versión de un clásico del rhythm & blues que hablaba de las bombas atómicas lanzadas sobre Japón. Sus siguientes canciones, «Rock Your Baby» o «Mean, Mean Man» la siguen promocionando en el circuito de rock, pero el tema que la lleva al estrellato internacional es «Let's Have a Party», grabado en 1959, que la corona como la Reina del Rockabilly.

Curiosamente, esa canción supone también su cenit como interprete de rock 'n' roll clásico, un estilo que comenzaba a perder terreno frente a las nuevas modas musicales de principios de los sesenta, y Wanda regresa a sus orígenes *countries* con éxitos comerciales tan rotundos como «Funnel of Love», en 1961, «In the Middle of a Heartache», en 1962 o «The Violet and a Rose», en 1964. Dos años después graba «Santo Domingo», una rareza al ser el primer country grabado en alemán. En 1971 abandonó el negocio musical para dedicarse exclusivamente a la música religiosa. En 1995 reapareció de la mano de la cantante country Rosi Flores y desde entonces ha vuelto a recorrer los escenarios, recibiendo el homenaje de un público fiel a sus canciones y grabando con músicos como Elvis Costello, The Cramps, Lee Rocker o Jack White.Paradójicamente, figura en todos los salones de la fama habidos y por haber: del rockabilly, del rock, del gospel, excepto el del country.

K

★

Buddy Knox

The Gipsy Man

Buddy Wayne Knox
20 de julio de 1933 – 14 de febrero de 1999
Happy, Texas - Bremerton, Washington

Con una precoz afición musical, aprendió a tocar la guitarra siendo niño y en el instituto montó su primera banda, The Rhythm Orchids. Su descubridor fue Roy Orbison, quien le conoció en un programa de radio y le condujo hasta Norman Petty, propietario de unos estudios en Clovis, Nuevo México, donde había comenzado Buddy Holly y donde Konx grabó sus tres primeros temas, «Party Doll», editado por Roulette Records en 1957 y que se convirtió en un fulgurante número uno, «Rock Your Little Baby To Sleep» y «Hula Love», que no lograron éxito comercial pero que le convirtieron en una figura destacada del rock 'n' roll. En 1959 lanza «C'mon Baby», «All For You» y «I Think I'm Gonna Kill Myself», con discretos resultados comerciales. En 1960 ficha por Liberty Records y orienta su música hacia la nueva moda del pop con temas como «Long Lonely Nights» en 1960, «Ling-Ting-Tong» y «Lovey Dovey» en 1961, «Three Eyed Man» en 1962, o «Jo Ann» en 1964. A mediados de los sesenta se retira de primera línea y monta un estudio de producción en Macon, Georgia, pero en 1968 regresa a los escenarios y orienta su estilo hacia el country con un álbum, *Gipsy Man*, con United Artist, que se convertiría en un éxito y le proporcionaría el apodo. A principios de los setenta fue derivando hacia sonidos más propios del soul, que le proporcionaron cierta popularidad, pero al final de la década las cosas le iban cada vez peor y se mudó a Canadá en un fallido intento de recuperar la fama. Murió prácticamente olvidado a los 66 años.

L

★

Sleepy LaBeef

La gramola humana

Thomas Paulsley LaBeff
20 de julio de 1935
Smackover, Arkansas

El aspecto somnoliento de sus ojos le proporcionó el apodo con el que se le conoció desde que era un niño que tocaba la guitarra en las fiestas familiares. A los diecisiete años su familia se mudó a Houston, Texas, donde

se integró en The Houston Jamboree, un coro de gospel que abandonaría para dedicarse a cantar y tocar música country, lo que le llevó a actuar en el famoso festival Louisiana Hayride. Allí se fijó en él Hal Harris, un cazatalentos que en 1957 se lo llevó a Starday Records para registrar sus primeros singles, «I'm Through» y «All the Time». Al año siguiente graba «Ballad of a Teenage Queen», con Dixie Records, el primero de una larga serie de sellos en los que edita desde honky tonks como «Cant' Get Out My Mind», en 1958, o rockabillys como «Turn My Loose», en 1960 y «Ride On Josephine» y «Tore Up», en 1962. Ninguno tuvo un éxito apabullante pero logró abrirse camino gracias a su arma más potente, el directo, donde brillaba por su impresionante presencia física y su inagotable repertorio, que incluía todos los extremos del rockabilly y el rock and roll, dos cualidades que le valieron sus apodos: El Toro y La Gramola Humana.

Fue telonero de Roy Orbison, Carl Perkins o el mismísimo Elvis Presley pero también tuvo que sobrevivir como actor en películas de serie B. Curiosamente, su mayor éxito comercial le llegó en 1968, cuando el rockabilly se encontraba en su momento más bajo, con el tema «Every Day», que le llevó a actuar de punta a punta de los Estados Unidos, contemporizando el rockabilly con el country, un género con el que en 1970 logra otro éxito de ventas, «Blackland Farmer». Tras años como músico de carretera, a principios de los ochenta la explosión del revival del rockabilly en Europa lo convirtió en una estrella en el viejo continente, con giras continuas, en las que España estuvo siempre incluida, y nuevos discos de éxito como *It Ain't What You Eat, It's the Way How You Chew It* (*No es lo que comes, es cómo lo masticas*). Desde entonces ha editado quince elepés y sigue actuando, infatigable, al pie del cañón.

★

Brenda Lee

Miss Dinamita

Brenda Mae Tarpley
11 de diciembre de 1944
Atlanta,Georgia

Era una niña prodigio nacida en el seno de una familia humilde. A los cinco años ganó un concurso de canto, a los diez hizo sus primeras apariciones en televisión y a los once fue descubierta por el cazatalentos Sammy Barton, que la lleva al programa *Ozark Jubilee*, donde entusiasma al público y al cantante country Red Foley, que le facilita la entrada en Decca Records. En 1956 publicó su primer single, «Jambalaya (On the Bayou)», una versión de la canción de la leyenda del country Hank Williams que llevaba un excelente rock 'n' roll en su cara B, «Bigelow 6-200». Un año después entraba por primera vez en la lista del *Billboard*, con «One Step at a Time» y «Dynamite», un trepidante rock 'n' roll que le proporciona su nombre de guerra, Miss Little Dynamite. A partir de ahí se suceden los éxitos: «Rock-a-Bye Baby Blues» en 1957, «Little Jonah» en 1958, «Sweet Nothin's» en 1959 y «I Want to Be Wanted» en 1960. Ese año, con sólo quince de edad, graba «I'm Sorry», una canción que la auparía a la fama de por vida y que hablaba de desamores, lo que la discográfica considera un tanto excesivo para una cantante tan joven y que, después de unos meses de dudas, sale al mercado como cara B del single «That's All You Gotta Do», que llega a lo más alto de las listas. Se convierte en la reina del pop con temas como «Emotions», «Dum Dum» o «Fool

#1», en 1960, o «All Alone Am I», en 1961. Ese año participa en la película *Two Little Bears*, de Randal Hood, en la que cantaba «Speak To Me Pretty», y al año siguiente interpreta la versión teatral de *The Wizar of Oz* (*El mago de Oz*). Su inmensa popularidad a lo largo de los sesenta cabalgó entre el rock 'n' roll frenético y las baladas adolescentes. Tras un par de décadas actuando por todo el mundo, cada vez más alejada del primitivo rock and roll, su fama se diluye durante los ochenta e hizo su última grabación en 1992, cantando con Willy De Ville el tema «You'll Never Know».

Kim Lenz

El renovado espíritu de los cincuenta

1 de noviembre de 1966
San Diego, California

Se crió escuchando a los grandes clásicos como Carl Perkins o Jerry Lee Lewis y a sus antecesoras femeninas, Wanda Jackson y Janis Martin. Comenzó a tocar la guitarra y a componer su propias canciones en la adolescencia y tras mudarse a Dallas en 1994 monta su banda The Jaguars, que a partir de 1996, cuando graban su primer EP, *Shake a Leg!*, se convierte en una banda puntera del circuito del rockabilly. En 1998 saca su primer LP, *Kim Lenz & The Jaguars*, y al año siguiente el segundo, *The One and Only*, que la entronan como la mayor figura femenina del rock and roll de finales de siglo, manteniendo intactas las esencias de los años cincuenta. Pasarán seis años hasta que saque su segundo álbum *Up To My Old Tricks Again*, en 2005, al que sigue en 2009, *It's All True*. En la última década se ha convertido en un figura habitual de los festivales de rock de Europa y de nuestro país, donde cuenta con colaboradores habituales como Mario Cobo. En 2013 lanzó al mercado *Follow Me*, hasta el momento su último álbum.

Jerry Lee Lewis

El auténtico salvaje

29 de septiembre de 1935
Ferriday, Lousiana

Es el más joven de los tres pioneros supervivientes del rock 'n' roll, junto a Chuck Berry y Little Richard, un revolucionario del piano que mantiene intacta su leyenda de salvaje indomable. Nació en el seno de una familia de blancos pobres de Lousiana, en una pequeña granja que sus padres hipotecaron cuando descubrieron su especial talento para el piano y decidieron comprarle uno. Rodeado de una población mayoritariamente negra, su primera influencia musical fue el blues y más tarde el rhythm & blues, el gospel, el country y el boogie, con los que configuró su propio y peculiar estilo. El día de su catorce cumpleaños actuó por primera vez en público, en un espectáculo de la compañía de automóviles Ford, asombrando a sus paisanos con su particular interpretación de «Drinkin Wine, Spoo-dee-o-dee», un viejo blues de Brownie McGhee, con una letra de fuerte contenido alcohólico. Era un talento rebelde y precoz en todo. A los dieciséis años se casó con una chica dos años mayor que él, algo que no era excesivamente inusual en aquellos tiempos en el Sur rural de los Estados Unidos y que resultó menos escandaloso que sus primeras grabaciones, un frenético boogie woggie, «New Orleans Boogie» y una balada country, «Don't Stay Away». Su madre lo envió a tocar música religiosa a una escuela de Waxahachie, en Texas, en la que duró poco al ser expulsado por tocar la música del Señor a ritmo endiablado.

La experiencia religiosa duró casi tan poco como su matrimonio, que acabó en divorcio un año después de la boda al dejar embarazada a Jane Mitchan, madre de su primer hijo. Por esa época toca en garitos del norte de Mississippi y el sur de Tennessee y sigue grabando temas country sin mayor repercusión, hasta que un buen día de 1956 cae en sus manos una revista que habla del nuevo descubrimiento musical, Elvis Presley, y se planta en Sun Records, donde graba dos canciones: «End of the Road», un tema propio, y «Crazy Arms», una canción de la estrella country Ray Price. Entra a trabajar como músico de sesión, apoyando con su piano a otros artistas de la compañía y el 4 de diciembre de 1956 participa en la famosa sesión

de El cuarteto del billón de dólares, una grabación casual de una *jam session* en la que, aparte de Lewis, participaron Elvis Presley, Johnny Cash y Carl Perkins.

Al año siguiente, Jerry comienza a incrementar su fama con singles como «Whole Lot of Shakin' Going On», con una letra escandalosa que vendió más de un millón de discos, «You Win Again» o «Great Balls of Fire», su tema más famoso. Son los días locos y salvajes del primer rock and roll; las electrizantes actuaciones de Lewis, con sus patadas al taburete y sus aporreamientos de piano, le convierten en The Killer. Participa en la película *Jamboree* y en 1958 lanza «High School Confidential», «Down The Line» y «Breathless», un tema que se coloca en el número siete del *Billboard*. Pero en el momento más deslumbrante de su carrera se descubre que se ha casado con una menor de trece años y que para colmo es su prima. El nuevo escándalo, que encara con absoluta desfachatez, lo coloca fuera de las emisoras de radio y del negocio musical, lo que le obliga a tocar en garitos de mala muerte mientras intenta levantar cabeza con grabaciones como «What'd I Say», un soul de Ray Charles o «Cold, Cold Heart», un country de Hank Willians, grabados en 1961, o rocks ajenos como «Sweet Little Sixteen», de Chuk Berry, o «Good Golly Miss Molly», de Little Richard, ambas de 1962, el año en que fallece su hijo y entra en barrena depresiva y drogadicta. En 1963 acaba su contrato con Sun Records, se muda al sello Smash y emprende una larga gira por Europa que culmina con la grabación de un álbum en vivo, *Live at the Star Club, Hamburg*. En 1965 graba *The Return of Rock*, un formidable álbum de versiones, y a finales de la década se pasa al country recobrando éxitos de ventas con temas como «To Make Love Sweeter for You», que llegó al número uno en 1969. En los setenta su carrera sigue a la deriva, con graves problemas familiares, de salud y de adicción a las drogas. En 1987, en plena fiebre de recuperación del rock and roll, se estrena la película sobre su vida, *Great Balls of Fire!*, de Jim McBride, que le devuelve la popularidad y le permite regresar a los escenarios entre la admiración de una nueva generación de rockers. Fue uno de los primeros en entrar en el Salón de la Fama del Rock, en 1986. La mejor forma de definir sus últimos años de vida musical es: The Killer sigue vivo.

Trini López

Alma latina

Trinidad López
15 de mayo de 1937
Dallas, Texas

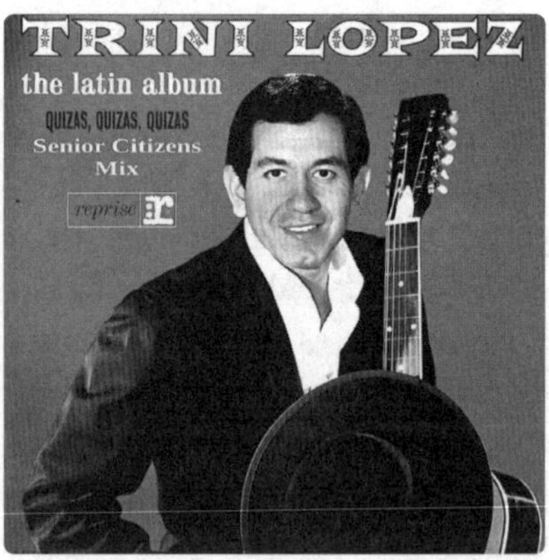

Nacido en una familia de inmigrantes mexicanos, apenas pudo pisar el colegio y tuvo que trabajar desde niño, lo que no le impidió encontrar tiempo para su gran pasión: la música. Aprendió a tocar la guitarra de forma autodidacta y comenzó a buscarse la vida como músico por los clubs de su ciudad natal. En 1958 grabó por primera vez «The Right To Rock», con el sello Volk de Dallas y un año más tarde ficha por King Records, de Cincinatti, donde grabó temas sin mayor repercusión, como «Since I Don't Have You» o «Don't Let Your Sweet Love Die». En 1960 se instala en California, en principio invitado a unirse a la banda del difunto Buddy Holly, The Cricekts, cosa que no acabó de cuajar, y comenzó a tocar en clubs. En 1963 fue descubierto por el productor Don

Costa, que le consigue un contrato con Reprise Records, donde en 1963 edita su primer álbum, *Trini Lopez at PJ's*, grabado en directo en el Club PJ de Hollywood y que incluía «If I Had a Hammer», una versión del tema de Pete Seeger que llegó al tercer puesto de las listas y se convirtió en disco de oro. Poco después graba un segundo disco, *More Live at Pj's*, que acaba de consolidar su fama con los temas «Kansas City» y «Green Green». Durante los siguientes años sigue lanzando canciones de gran popularidad como «Michael» en 1964, «Lemon Tree» en 1965, «I'm Coming Home Cindy» en 1966 y «Sally Was a Good Old Girl» en 1968. Su fama llega al punto de que la fábrica de guitarras Gibson diseña dos modelos especiales para él. Alternó su carrera musical con el cine, donde su papel más popular fue el que interpretó en *The Dirty Dozen* (*Doce del patíbulo*), dirigida por Robert Aldrich en 1967. Grabó también temas en castellano de los más diversos estilos, con versiones de «La Bamba» y «Malagueña salerosa», por ejemplo. Siempre revindicó su procedencia mexicana y fue uno de los primeros latinos que triunfó en el rock. Se mantiene activo con apariciones en televisión y galas ocasionales.

★

Donna Loren

La chica anuncio

Donna Zuckor
7 de marzo de 1947
Boston, Massachussets

Criada en una familia dedicada al mundo del espectáculo, comenzó cantando en concursos de jóvenes talentos a la edad de cinco años, acompañada por sus hermanos Alan y Rick. A los siete años comenzó a grabar espacios comerciales para la radio, a los diez apareció por primera vez cantando en televisión, en el *Club de Mickey Mouse*, de Walt Disney, y acto seguido comenzó a grabar sencillos de un rock and roll melódico como «Hands Off» o «I'm So Lonely», para los estudios Gold Star. En 1963 una famosa bebida refrescante, Dr. Pepper, la contrató para hacer una campaña en radio y televisión con la intención de captar al público adolescente que era fan de su canciones *ligeras*, como también se las denominó en su día. La campaña de promoción le per-

mitió compartir estudios, escenarios y platós de cine con los más grandes del momento, como Dick Dale, Frankie Avalon, James Darren, Connie Stevens o Nancy Sinatra. Su interpretación del tema «Muscle Bustle», en la película *Muscle Beach Party* fue un éxito inmediato y unió indisolublemente la imagen de Donna con la botella de Dr. Pepper. Actuó en fiestas multitudinarias organizadas por la marca patrocinadora, apareció en anuncios de prensa, radio y televisión y participó en varias películas de insulsa temática juvenil y playera. Pero también grabó un puñado de canciones más maduras con Challenge Records, como «I'm in Love With the Ticket Taker at the Bijou Movie», un rock 'n' roll con toques caribeños, «I'm Gonna Be Alright», un tema surf de 1962 o «If You Love Me (Really Love Me)», una balada estremecida de 1963. En 1968, cansada de ser una chica anuncio, abandonó el mundo del espectáculo.

★

Bob Luman

Bateando rock 'n' roll

Robert Glynn Luman
15 de abril de 1937 - 27 de diciembre de 1978
Nacogdoches, Texas - Nashville, Tennessee

Hijo de un músico aficionado que le regaló su primera guitarra, en su juventud alternó la música country con el béisbol y estuvo a punto de fichar como profesional por los Pirates de Pittsburgh, pero el rock and roll se cruzó en su camino cuando vio actuar a Elvis cerca de su pueblo. Tras ganar un concurso de jóvenes talentos, participó en el festival Louisiana Hayride y consiguió la oportunidad de grabar en 1957 con Imperial Records temas como «Red Hot», «Amarillo Blues» y «All Night Long», una canción que interpretó en la película *Carnival Rock*, de Roger Corman. En 1958 ficha por el sello Capitol y graba algunos singles, entre los que figuran «Try Me»

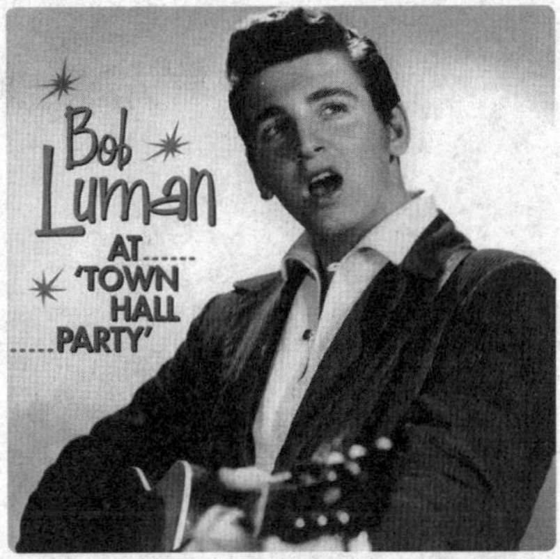

y «I Know My Baby Cares», pero las relaciones con la discográfica se rompen por la negativa de Bob a cambiar de nombre y se marcha a la Warner, donde en 1959 lanza canciones como «Buttercup», «My Baby Walks All Over Me», «Class of '59» o «Dreamy Doll», estas últimas en clave de baladas para adolescentes. Pero los sesenta fueron duros para los rockers de la primera hornada y Luman se acuarteló en Las Vegas, actuando con regularidad. Incluso estuvo a punto de regresar al béisbol cuando los Everly Brothers le convencieron para grabar «Let's Think About Living», que le coloca en el estrellato *teenager* justo cuando se marcha al servicio militar. Al acabar se reconvierte en músico de country y se une al espectáculo itinerante *The Grand Ole Opry*, hasta que en 1968 firma con la discográfica Epic y regresa a las listas de éxitos con «Ain't Got Time To Be Unhappy» en 1968, «Come On Home and Sing the Blues to Daddy» en 1969 o «Honky Tonk Man» en 1970. Dos años después lanza «Lonely Women Makes Good Lovers», que llega al número cuatro del *Billboard* y se convierte en su último éxito. Falleció seis años después, mientras se encontraba en plena gira.

★

Frankie Lymon

El chico de la calle

Franklin Joseph Lymon
30 de septiembre de 1942
Washington Heights, Nueva York

Era hijo de una criada y un camionero que cantaba en un grupo de gospel, The Harlemaires, que tenía una versión juvenil, The Harlemaires Juniors, en la que recaló Frankie y alguno de sus once hermanos. Pero su verdadera vida estaba en las calles de Harlem, donde aprendió a sobrevivir como delincuente juvenil primero y prematuro proxeneta después. Allí también

descubrió el doo-wop y se hizo amigo de Herman Santiago, cantante del grupo Coupe De Villes, al que se unió Lymon y se renombraron The Ermines & The Premieres. En 1955 convirtieron una carta de amor de un amigo en el rhythm & blues «Why do Fools Fall in Love?» que, gracias al apoyo de un mecenas llamado Dennis Jackson y a la mediación de Richard Barret, cantante de The Valentines, pudieron interpretar ante el productor George Goldner, quien eligió a Lymon como solista para el single grabado en 1956 con Gee Records, que se convirtió en número uno aupándolos repentinamente a la fama.

Rebautizados como Frankie Lymon & The Teenagers, participan en los principales espectáculos de rock and roll y actúan en las primeras películas del género, *Rock, Rock, Rock*, de 1956 y *Mr. Rock and Roll*, de 1957, el año en el que lanzan su segundo éxito «I'm Not a Juvenile Delinquent», una ironía para aquel grupo de portorriqueños y afroamericanos criados en las calles del gueto. Lymon adquiere cada vez más protagonismo frente a la banda y se convierte en un ídolo de las *teenagers* afroamericanas con canciones como «My Girl». En 1957 la formación se disuelve y Lymon comienza su carrera en solitario con la discográfica Roulette. Pero tiene sólo quince años y su voz cambia, obligándole a usar un falsete que desagrada a sus fans. Por si fuera poco, en una actuación en el programa de televisión de Alan Freed baila con una chica blanca y se desata el escándalo. La cadena ABC suspendió el programa y Lymon comenzó a perder popularidad mientras se echaba en brazos de la heroína. A principios de los sesenta estaba completamente hundido y olvidado. En 1965 se marchó a California, donde mantuvo una turbulenta relación con la cantante de The Platters, Zora Taylor, y siguió cayendo cada vez más bajo hasta que le llamaron al Ejército, de donde fue licenciado con deshonor. En 1968 volvió a Nueva York y logró grabar dos canciones con el sello Big Apple: «I'm Sorry» y «Seabreeze», que se convirtieron en su testamento al morir de sobredosis antes de ser publicadas.

M

Loonie Mack

Guitarra revolucionaria

18 de julio de 1941
Dearborn, Indiana

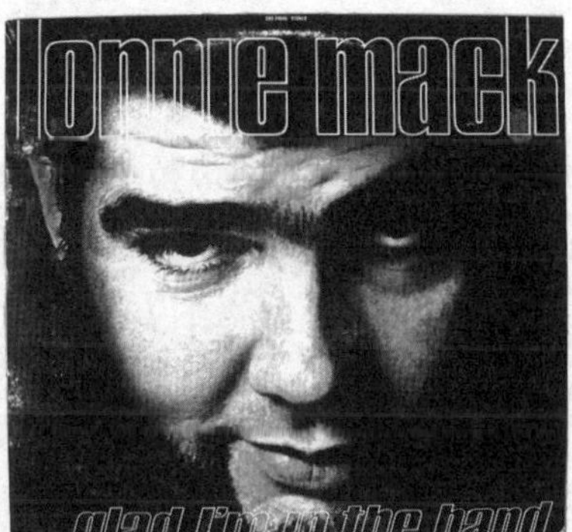

Las primeras influencias de este músico que en los sesenta revolucionaría con su punteo la técnica de la guitarra fueron el blues y el country. Enamorado de la guitarra desde pequeño, fue a lo que se dedicó cuando lo echaron del colegio a los catorce años. Comenzó en The Twilighters, una banda de Cincinatti, con la que en 1957 graba un primer single, «Pistol Packin' Mama» y dos años más tarde registra su primer sencillo en solitario, «Hey Baby», y comienza a trabajar como músico de estudio en Fraternity Records, una discográfica local en la que en 1963 graba «Memphis», una versión del tema de Chuck Berry, «Memphis Tennesee», incluida en su primer álbum, *The Whan of That Memphis Man!*, que se convierte en éxito por su precisión instrumental con la guitarra y sus peculiares solos de blues, algo que sigue desarrollando en los siguientes singles: «Tonky Go-Go», en 1965 o «Buckaroo», en 1966, que influirán decisivamente en los guitarristas de blues rock como Jeff Beck, Stevie Ray Vaughan, Mike Bloomfield, Eric Claton o el propio Jimmi Hendrix, entre otros muchos. Tras evolucionar hacia el sonido soul a finales de los sesenta, sobrevivió como músico de estudio para artistas como James Brown o Freddie King o incluso The Doors. A finales de los sesenta ficha por el sello Electra, donde graba algunos álbumes como *The Hills of Indiana*, en 1971, una mezcla de temas blues, soul y country en los que lo único que brillaba era la guitarra de Mack y así se lo reconoció la crítica. A partir de aquí fue adentrándose en el terreno del country. En 1980 la revista especializada *Guitar World* le incluyó entre los cinco guitarristas más influyentes del rock y su imagen está intrínsecamente asociada a la guitarra Gibson Flying, que él apodaba 'La Nº 7', con su característica forma de flecha, que usaba como homenaje a sus antepasados indios.

★

Carl Mann

El último millón de Sun Records

22 de agosto de 1942
Hungtingdon, Tennessee

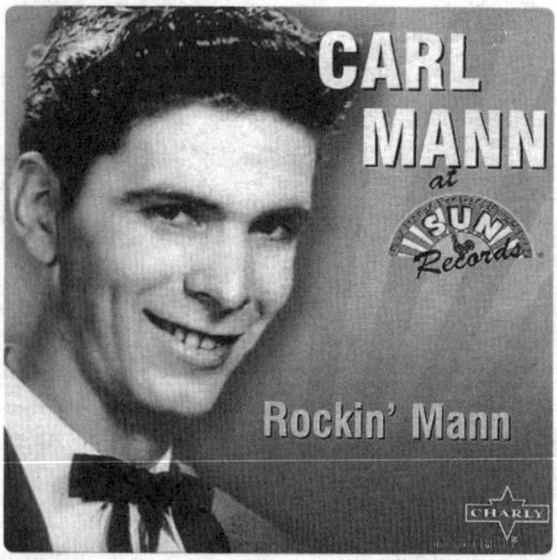

Miembro de una familia de clase media, hizo el habitual recorrido del coro de la iglesia a aspirante en concursos de jóvenes talentos, pasando por grupos colegiales en los que manejaba con destreza la guitarra y el piano. Pasó del country al rock 'n' roll al escuchar por la radio a Elvis y los primeros rockeros. En 1957 grabó su primer single para Jaxon Records con dos temas, «Gonna Rock and Roll Tonight» y «Rockin' Love». El batería de Carl Perkins, W.S. Holland, le tomó bajó su tutela y se lo llevó a Sun Records, donde en 1959 logró su gran éxito «Monna Lisa», una versión rockabilly del clásico de Nat King Cole, que a los diecisiete años le llevó al puesto veinticinco del *Billboard*. Fue el último músico de Sun Records que vendió un millón de copias y también el más joven, pero pronto fue sustituido como estrella de la discográfica por Charlie Rich. Convertido en una versión descafeinada de Jerry Lee Lewis, sus siguientes sencillos no lograron ni de lejos el éxito de «Monna Lisa». En 1960 graba su primer álbum, *Like Mann*, un fracaso que le sumerge en el alcoholismo y lo aparta temporalmente de la música. En 1964 es reclutado por el ejército y a su regreso firma con Monument Records donde intenta relanzar su carrera con «Down to My Last I Love You», que no logra el éxito y regresa a su casa para ponerse al frente del negocio maderero familiar y tratar de superar sus problemas con el alcohol. En 1974 hace un nuevo intento lanzando unos singles con el sello ABC, entre los que destaca «Twilight Time», en 1976. Pero la recuperación le llegó de Europa, donde el rockabilly comenzaba a triunfar a finales de los setenta. Grabó dos álbumes con el sello holandés Rockhouse Records: *Gonna Rock 'N' Roll Tonight*, en 1978 y *In Rockabilly Country*, en 1981, tras lo que regresó de nuevo a casa, donde sigue actuando de vez en cuando.

★

The Marcels

El doo-wop interracial

1959 -1999
Pittsburgh, Pennsylvania

Cornelius Harp, Fred Johnson, Gene Bricker, Richard Knauss y Ron Mundy montaron una banda de rock 'n' roll vocal que llamó poderosamente la atención desde el primer momento, no por su música sino por su carácter interracial (tres negros y dos blancos) que le causó más de un problema y les obligó a sustituir a los cantantes blancos en su actuaciones por los estados segregacionistas del Sur. Sin embargo, la mezcla de voces blancas y negras fue precisamente la clave de su éxito y en 1961 ficharon por Colpix Records y transformaron una balada tradicional, «Blue Moon», en un doo-wop de éxito que vendió más de un millón de copias y se convirtió en disco de oro. Su siguientes singles, «Heartaches» y «You Are My Sunshine» también consiguieron buenas ventas, pero las tensiones raciales, completamente ajenas al grupo, acabarían provocando la marcha de Knauss y Bricker, los dos blancos de la banda. También Mundy decidió emprender una carrera en solitario y en 1962 tan sólo quedaba Johnson como miembro original del grupo. En los setenta comenzaron a realizar esporádicas actuaciones reunificados otra vez y en los ochenta algunos de los Fred Johnson siguió empeñado en mantener la banda viva en los circuitos de la nostalgia con nuevos miembros. En 1999 Johnson, Mundy, Knauss y Harp realizaron su último concierto juntos.

★

Janis Martin

El reverso femenino del Rey

Janis Darlene Martin
27 de marzo de 1940 – 3 de septiembre de 2007
Sutherlin, Virginia – Durham, Carolina del Norte

Antes de cumplir los quince años ya se había convertido en una asidua del circuito de música country, compartiendo escenario con artistas de la talla de la Carter Family o Sonny James. A esa edad grabó «Will You, Willyum», una canción de Carl Stutz, un locutor de Richmond que la envió a la RCA, donde la ficharon con la intención de lanzarla como la Elvis femenina, bendecida como tal por el propio Rey, con quien compartía discográfica. Meses después lanzaba un single con la mencionada canción y una composición propia, «Drugstore Rock and Roll», que se convirtió en un éxito inmediato, al que siguieron «Ooby-Dooby», una versión del tema de Roy Orbison, «My Boy Elvis», «Barefoot Baby» o «Let's Elope Baby», lanzadas todas en 1956, cuando la revista *Billboard* la calificó como la cantante promesa más destacada del año. Triunfa en todos los festivales y programas más importantes, como el American Bandstand o el Grand Ole Opry y en 1957 sigue produciendo canciones como «Two Long Years», «Love Me To Pieces», «Two Long Years» o «All Right Baby», en las que alternaba el country y el rockabilly. Pero la pacata sociedad norteamericana de la época le impidió

llevar una carrera regular y su éxito fue mayor en Europa, especialmente en Inglaterra, donde sus contorsiones y su desparpajo con una música de origen negro apenas causaban sorpresa. En 1958 se quedó embarazada y la discográfica se deshizo de ella porque consideraba que su maternidad la excluía del catálogo de cantantes para adolescentes. Tras un peregrinaje por sellos como Decca y King Records acabó recalando en la discográfica belga Palette, donde grabó un par de singles con excelentes temas como «Hard Times Ahead», «Here Today and Gone Tomorrow» o «Teen Street», que no tuvieron repercusión en Estados Unidos, y durante más de una década desapareció del circuito musical hasta que a principios de los ochenta reapareció durante la resurrección del rockabilly para dar algunos conciertos. En 1995, una de sus herederas musicales, Rosie Flores, la convenció para que cantase en su álbum *Rockabilly Filly*, lo que las llevó a grabar un disco conjunto, *The Blanco Sessions*, que vio la luz en 2012, cinco años después de morir Janis.

★

Matchbox

A contracorriente

1971
Middlesex, Inglaterra

La banda nació a contracorriente a principios de los setenta en el extrarradio de Londres, en pleno auge del rock psicodélico y fue fruto de la unión del guitarrista Steve Bloomfield, y el bajista Freddy Poke, que se pusieron Matchbox como declaración de intenciones y homenaje a la canción de Carl Perkins. En 1975 editan su primer single, «Rock'n'Roll Band», y al año siguiente consiguen lanzar otro single, «Please Don't Touch», y un álbum, *Riders in the Sky*, pero su repercusión es mínima. En 1977 llega a la banda un nuevo miembro, uno más en el continuo paseíllo de músicos

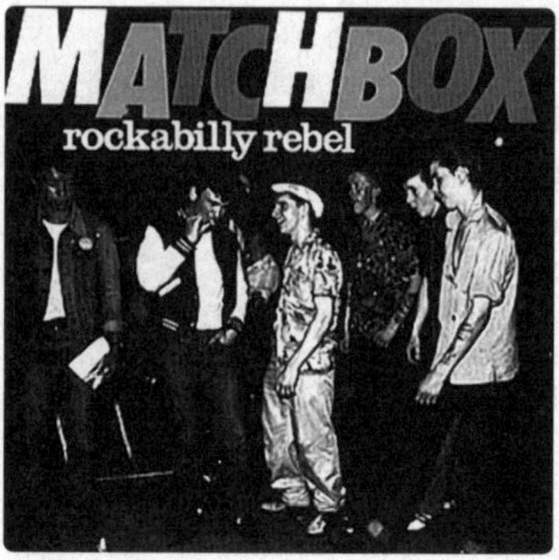

que pasaron por las manos de Steve y Feed. Se trata de Graham Fenton, un cantante muy carismático que imprime una nueva imagen a la banda en la que se integran también Jimmy Redhead a la batería y Gordon Scott a la guitarra rítmica. En 1978 la nueva formación graba un single, «Rock Rollin`Boogie», un LP, *Settin' the Woods on Fire* y actúan como teloneros de su ídolo Carl Perkins. Están rozando el cielo del rock, que alcanzan en 1979 con «Rockabilly Rebel», un single superventas incluido en un álbum, *Matchbox*, que se convierte en un éxito mundial. Durante un par de años actúan sin parar por toda Europa, pero sus siguientes discos, *Midnite Dynamos* en 1980, *Flying Colours* en 1981 o *Crossed Line* en 1982, fueron decayendo paulatinamente y a partir de 1983 comienza una diáspora que llega hasta la actualidad, con renovaciones constantes de músicos, reencuentros y nuevas separaciones. Todavía se puede ver a algunos de sus miembros actuando por locales de Inglaterra.

★

Imelda May

La reina irlandesa

Imelda Mary Clabby
10 de julio de 1974
Dublín, Irlanda

Sus primeras referencias musicales, aparte de la música folk irlandesa, fueron los clásicos del blues, el jazz y el rock 'n' roll, desde Elmore James a Buddy Holly y Eddie Cochran, pasando por Billie Holliday. A los dieciséis años comenzó a tocar en clubs de Dublín, donde tuvo más de un problema por ser menor de edad. En 1998 se trasladó a Londres y empezó a cantar con figuras como el pianista Mike Sanchez o la banda jump blues Blue Harlem. En el 2002 se casa con el rockero Darrel Higham, con cuyo apoyo al año siguiente lanza su primer disco, *No Turning Back*, que llega

al número uno en Irlanda. En 2008 saca su segundo álbum, *Love Tatoo*, y al año siguiente se lleva el premio Meteor Awards a la mejor artista femenina, especialmente por sus temas «Johnny Got a Boom Boom» y «Big Bad Handsome Man». Su siguiente disco, *Mayhem*, publicado con Decca Records, se convierte en número uno en el Reino Unido y la corona como la reina del rockabilly. Siempre con la producción y el respaldo de Higham, en 2014 ha publicado su último disco, *Tribal*, un nuevo número uno tanto en Irlanda como en Inglaterra.

★

The Meteors

Creadores del psychobilly

1980
Londres

El guitarrista P. Paul Fenech, el contrabajista Nigel Lewis y el batería Mark Robertson habían tocado en bandas de rockabilly, pero en 1980 decidieron dar un paso más y adoptar elementos del punk, que por aquel entonces era el movimiento musical más potente en Gran Bretaña, para alumbrar un nuevo subgénero, el psyckobilly. Aunque en su primer concierto en el templo rockero de Londres, el Rockabilly Night, tuvo que ser suspendido por las protestas del público ante su imagen y sus actitud próxima al punk, lograron abrirse un hueco en la escena musical y en 1981 lanzaban su primer álbum, *In Heaven*, en el que se plasmaba su fascinación por géneros culturales más truculentos, como el cine de terror de serie B, la literatura de tintes góticos y las biografías de criminales famosos. Dos años después graban *Wreckin' Crew*, que les afianza como los amos del estilo del que se autoproclaman creadores y al que sigue una intensa producción discográfica con casi sesenta LPs grabados, el último de ellos en 2012, *Doing the Lord's Work*. La banda ha pasado por numerosos cambios en su formación y siguen actuando por todo el mundo, contando con una fiel legión de seguidores.

Big Jay McNeely

El rey del saxo

Cecil James McNeely
29 de abril de 1927
Los Angeles, California

Empezó tocando el saxo con su hermano mayor, Robert, y a los veinte años ya graba unos primeros discos con Johnny Otis & His Orchestra. En 1949 ficha por Savoy Records y graba «Deacon's Hop», que sube al número uno del *Billboard*. Su imponente tamaño y su agresividad con el saxo convierten sus directos en todo un espectáculo. Tocaba entre el público, tumbado en el suelo del escenario, caminando sobre la barra del local y siempre soplando el saxo con una potencia brutal. Desde finales de los cuarenta grabó temas que anuncian claramente el rock 'n' roll, como «Wild Wig», en 1949, o «Big 'J' in 3-D», en 1954. En 1964 grabó su primer álbum con Federal Records, *Big Jay McNeely*, al que siguen *A Rhythm and Blues Concert*, con Savoy en 1955 y *Big Jay McNeely in 3-D*, con King Records en 1956. A pesar de que era una figura popular, las cifras de ventas no eran demasiado buenas. A mediados de los sesenta, cansado de recorrer locales dejándose los pulmones, abandonó la música y sobrevivió como pudo hasta que a finales de los ochenta fue rescatado por una nueva generación aficionada al rock 'n' roll y la música de los años cincuenta, que le considera como uno de los más grandes. Sigue en activo.

The Moonglows

La invención del rock vocal

1952 - 1960

Cleveland, Ohio

Bobby Lester y Harvey Fuqua eran dos amigos que habían comenzado a cantar juntos en el ejército y que en 1951 habían montado en Cleveland una banda llamada The Crazy Sounds, junto a Danny Coggins y Prentiss Barnes. Era un curioso grupo vocal de rhythm & blues que llamó la atención del famoso productor Alan Freed, que en 1952 los fichó para su sello, Chanpagne Records, donde los convierte en The Moonglows y les graba «I Just Can't Tell No Lie». Pero el single no funciona y Coggins abandona, siendo sustituido por Pete Graves. En 1953 cambian a la discográfica Chance, en la que registraron una serie de singles con baladas como «Secret Love» que no reflejan la personalidad del grupo, algo que sí sucede en su próxima discográfica, Chess Records, donde en 1954 graban «Sincerely», un rhythm & blues que se convierte en número uno y es incluido en la película *Rock, Rock, Rock*, de Will Price. En 1955 incorporan la guitarra eléctrica de Billy Johnnson, lo que les convierte en pioneros del rock vocal con temas como «We Go Together», «When I'm With You» o «See Saw», grabados en 1966. Un año después lanzan «Please Send Me Someone to Love», un tema de Percy Mayfield que supone el último éxito de la banda con su formación tradicional, que se desintegra en 1960, cuando cada uno se va por su parte para adentrarse en el territorio del soul.

★

Chris Montez

La herencia de Valens

Ezekiel Christopher Montañez
17 de enero de 1943
Los Angeles, California

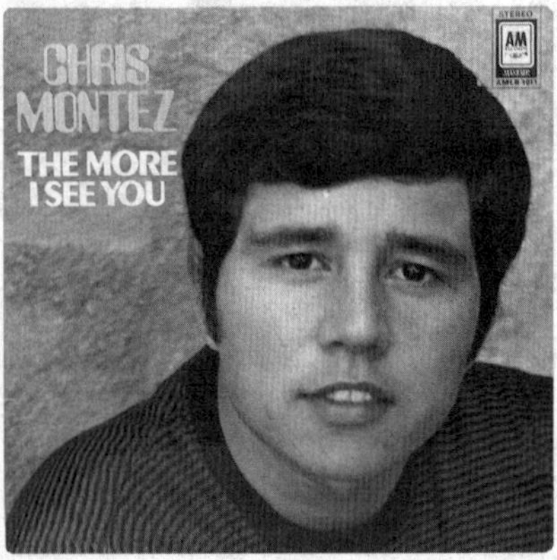

Aunque comenzó cantando rancheras con sus hermanos mayores, que le enseñaron a tocar la guitarra y le encaminaron hacia el mundo de las bandas latinas, Montez, influido por el ejemplo de Ritchie Valens, comenzó a componer sus propios temas y logró entrar en Monogram Records, donde en 1961 grabó con la cantante Kathy Young, su primer sencillo, «All You Had To Do Was Tell Me», logrando un considerable éxito en las emisoras locales. Al año siguiente llegó su primer gran éxito, «Let's Dance», que se convirtió en número uno y le llevó de gira con lo mejor del panorama musical del momento, aunque en el terreno del soul y el rhythm & blues, como Sam Cooke, Clyde McPrather o Smokey Robinson. Tras una gira por Europa, en la que coincidió con The Beatles, se dedicó a cantar baladas, logrando una gran popularidad que le llevó de gira por Latinoamérica convirtiéndose en un cantante pop, hasta que su popularidad fue decreciendo hasta acabar prácticamente en el olvido.

N

★

Ricky Nelson

Por la boca vive el pez

Eric Hilliard Nelson
8 de mayo de 1940 – 31 de diciembre de 1985
Teaneck, New Jersey – DeKalb, Texas

Se crió en un hogar dedicado plenamente a la música y el espectáculo. Su padre, Ozzie Nelson, era director de una big band en la que su madre, Harriet Hilliard, era la cantante y ambos, junto a sus dos hijos, Eric y David, protagonizaron durante dos décadas un programa de televisión titulado *The Adventures of Ozzie & Harriet*. Eran la familia ejemplar norteamericana que los medios de comunicación deseaban proyectar, pero el pequeño Eric salió un poco díscolo. Se unió a una banda de motoristas rockers con los que se metió en unos cuantos jaleos de los que salió gracias a las influencias de la productora del programa. Un buen día, mientras escuchaba a Elvis por la

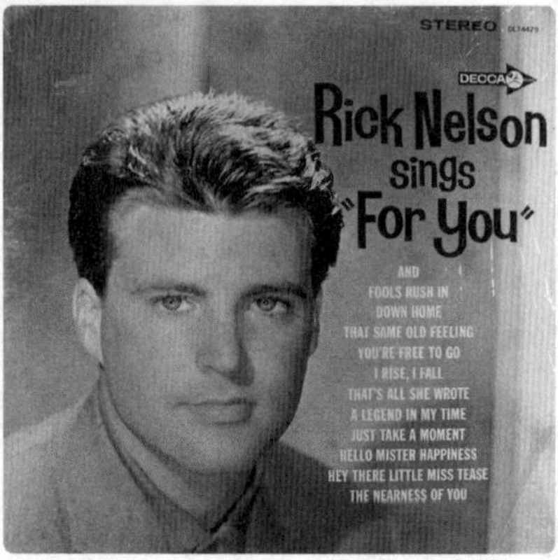

radio, le dijo a su chica, para impresionarla, que estaba a punto de grabar un disco y no le quedó otro remedio que cumplir la bravata, cosa que tampoco le costó mucho dados sus contactos en el mundo del espectáculo. En 1957 graba su primer single con el sello Verve, «I'm Walkin'», una canción compuesta por el precursor del rock and roll Fast Domino, que llegó en tiempo récord al número cuatro de las listas de éxitos y la cara B, «A Teenager's Romance», al número dos, algo a lo que ayudó bastante la promoción que hicieron a través del programa de televisión. Los siguientes sencillos, «You're My One and Only One» y «Be-Bop Baby», grabados con Imperial Records, convirtieron a Ricky en una absoluta estrella de la canción, con una imagen de guaperas buen chico muy alejada de la del duro rocker anterior. Ese mismo año de 1957 su primer álbum, titulado simplemente *Ricki*, llega al número uno del *Billboard* y el siguiente, *Ricki Nelson*, alcanza el séptimo puesto.

Arropado por un magnífico equipo de músicos y compositores como los hermanos Burnette, James Burton o Sharon Sheeley, durante los siguientes años siguió lanzando un éxito tras otro, como «Poor Little Fool», «Lonseome Town» o «I Got A Feeling» en 1958, «It's Late» y «Never Be Anyone» en 1959, «Young Emotions» en 1960, «Travellin' Man» y «Hello Mary Lou» en 1961 o «Teen Age Idol» en 1962. Su estilo se fue ablandando hacia el rock adolescente, lo que le permitió mantenerse en los primeros puestos de ventas. Además desarrolló una carrera cinematográfica que tuvo su punto álgido en *Río Bravo*, de Howard Hawks, donde cantaba acompañado por Dean Martin bajo la mirada socarrona de John Wayne.

En 1963 ficha por Decca Records y gira hacia la música country e incluso hacia el folk, formando una banda, The Stone Canyon Ball, que gozó del aplauso de la crítica y la indiferencia del público. A finales de los setenta, tras su divorcio y la disolución de su familia, entra en barrena depresiva y prácticamente desaparece del panorama musical, al que regresa en 1985 con una gira por Gran Bretaña que le proporcionó el éxito y la energía suficiente para preparar su regreso a los escenarios de los Estados Unidos, un proyecto que se truncó cuando se estrelló el avión que le llevaba a Dallas para celebrar el fin de año de 1985.

O

Johnny O'Keefe

El rock de las antípodas

John Michael O'Keefe
19 de enero de 1935 - 6 de octubre de 1978
Sidney, Australia - Darlinghurst, Australia

Hijo de una pareja de músicos, su vocación fue siempre el espectáculo y por eso abandonó la universidad a mediados de los años cincuenta para intentar convertirse en músico mientras trabajaba en lo que podía. Comenzó a cantar en una banda de jazz imitando al melodramático Johnny Ray, famoso por sus lacrimógenas interpretaciones que O'Keefe exageraba hasta el ridículo. Comenzó a coquetear con el rock and roll cuando este era prácticamente un desconocido en Australia y puso todo su empeñó en convertirse en la primera estrella del género en su país. En 1956 montó su primer grupo de rock and roll, The Dee Jays, con el que logró hacerse tan conocido que cuando en 1957 Bill Haley llegó con su primera gira, Johnny tuvo la ocasión de tocar ante el pionero del rock, que se llevó una buena impresión de aquel chico un tanto extravagante, pero con gran dominio del escenario.

Tras venderse en la prensa como el heredero bendecido por el maestro Haley, logró un contrato con Festival Records que le editó «You Hit the Wrong Note, Billy Goat», un tema cedido por Haley que no fue un éxito de ventas precisamente. Pero la perseverancia de O'Keefe tuvo su premio y logró convertirse en el telonero de Little Richard, Buddy Holly, Eddie Cochran, Jerry Lee Lewis, Paul Anka y el resto de grandes estrellas del rock 'n' roll que visitaron Australia durante los años cincuenta. El éxito le llegó por fin en 1958 con «The Wild One», un tema tan salvaje como su propio nombre indicaba y que se ajustaba perfectamente a la puesta en escena de Johnny. A principios de los sesenta se convirtió también en presentador de televisión, mientras colocaba en lo más alto de las listas canciones como «Shout», en 1959 y «She's My Baby», en 1960. Tras una delirante gira por los Estados Unidos convertido en 'El chico boomerang', apostando con los espectadores a ver quien lanzaba más lejos dicho artilugio, volvió a Australia completamente arruinado, se metió en líos de tráfico de drogas, tuvo un grave accidente de coche en el que falleció el hijo que esperaba su mujer y acabó sus días en instituciones psiquiátricas. Al final había pagado un precio muy alto por cumplir su sueño de convertirse en una leyenda del rock australiano.

★

Roy Orbison

Trágica melancolía

Roy Kelton Orbison
23 de abril de 1936 – 6 de diciembre de 1988
Vernon, Texas – Hendersonville, Tennessee

Su particularísima voz y su melodramática presencia escénica le convirtieron en una figura excepcional en los primeros años del rock and roll. Practicó, casi a contracorriente, una melancolía conmovedora acompañada de una imagen alejada de los cánones que imperaban en la época, con una actitud estática y un rostro triste, pálido, oculto bajo unas eternas gafas tan negras como sus trajes de corte convencional. Montó su primera banda, The Wink Westerners, con la que actuaba regularmente en la radio y televisión locales. Ganaron algunos concursos de talentos y en el verano de 1955 grabaron dos canciones en el estudio del productor Jim Beck, «Ooby Dooby» y «Hey, Miss Fannie», un country western apuntando hacia el rockabilly que no interesó a Columbia Records. Un año después registran dos temas con el sello Je-Wel, que llegan a oídos de Sam Phillips, que se los lleva a Sun Records para grabar cuatro canciones: «Ooby Dooby», «Trying To Get To You», «Rock House» y «Go, Go, Go (Down The Line)», de las que sólo la primera llegó a mitad de la lista de los más vendidos. A finales de 1956, la banda, rebautizada para entonces como The

Teen Kings, se separó. Roy decidió abandonar sus estudios universitarios y dedicarse a la música. Tras lanzar en 1957 los singles «Sweet and Easy To Love» y «Chicken Hearted», abandona Sun Records y ficha por RCA, donde buscaban su talento como compositor, demostrado en 1958 con la canción dedicada a su mujer, «Claudette», que fue número uno cantada por The Everly Brothers. En 1959 vuelve a cambiar de discográfica y pasa a Monument Records donde su estilo cambia radicalmente del rockabilly a un rock and roll mucho más pausado a base de baladas melancólicas con mucha orquestación. La cosa evolucionaría de «Uptown», un rock suave de 1959, a «Blue Angel», una balada dulzona grabada en 1960, el mismo año que «Only The Lonely», su primer gran éxito, arrasa en las listas de Estados Unidos, Inglaterra y buena parte de la Europa continental. La canción, compuesta por Joe Melson, marcó de forma indeleble el estilo del músico texano, que repetiría la misma fórmula de crescendo dramático en «Running Scared», número uno en 1960, «Cry», número dos ese mismo año o «Dream Baby», número cuatro en 1961. Y así fue acumulando un superventas tras otro, aunque por el camino hizo algún potente rock 'n' roll como «Mean Woman Blues», en 1963, hasta «Oh Pretty Woman», su último número uno en 1964.

La fortuna le sonreía al Gran O, como era conocido, y realizó giras con los propios Beatles, en prueba de su adaptación a la invasión del rock británico, hasta que un mal día de 1966 su mujer se mató en un accidente cuando ambos viajaban en moto. La tragedia creó una canción, «Too Soon To Know» que cosechó un importante éxito, especialmente en Inglaterra. Pero la fatalidad volvió a cebarse con él dos años después, cuando sus dos hijos fallecieron en el incendio que se declaró en su vivienda. Marcado por la tragedia, se volvió cada vez más mustio y fue desapareciendo de los escenarios, aunque con esporádicas apariciones junto a sus viejos compañeros de Sun Records, Jerry Lee Lewis, Carl Perkins o Johnny Cash, con los que grabó un disco, *Class of 55*, en 1985, o junto a artistas consagrados pero más jóvenes, como Tom Petty, Jeff Lyne, George Harrison y Bob Dylan, con los que grabó un último disco, *Traveling Wilburys Vol. 1*, en 1988, poco antes de fallecer.

★

Johnny Otis

En la trastienda

Ioannis Alexandres Veliotes
28 de diciembre de 1921 - 17 de enero de 2012
Vallejo, California - Los Angeles, California

Tras una larga trayectoria como músico de jazz, boogie, swing y rhythm & blues, a finales de los cuarenta el elegante Johnny Otis montó un club en Los Angeles, el famoso Barrelhouse, donde organizaba concursos en los que captaba nuevos talentos como Mel Walker o Little Esther, para los que compuso temas como «Cupid Boogie», en 1950, o «Rockin' Blues», en 1951, que triunfaron en las listas y en los que estaba sembrada la semilla del inminente rock 'n' roll.

En 1952 produjo para la blueswoman Big Mama Thorton el tema «Hound Dog», que cuatro años después acabaría arrasando en las listas en la voz de Elvis Presley. En 1955 Otis logró un nuevo número uno con «The Wallflower», un tema compuesto para una jovencísima Etta James, uno de sus más preciados descubrimientos junto al pianista Little Richard, con quien lanzó «Little Richard's Boogie» en 1958, el año en que Johnny obtuvo su último número uno como cantante al frente de su orquesta, «Willie and the Hand Jive», un trepidante rock and roll, tras el que se retiró para hacer una errática carrera como pastor religioso, político y hombre de negocios.

P

Carl Perkins

Los eternos zapatos de gamuza azul

Carl Lee Perkins
9 de abril de 1932 – 19 de enero de 1998
Tiptonville, Tennessee – Jackson, Tennessee

Nacido en una granja rodeada de campos de algodón donde su familia trabajaba codo a codo con los afroamericanos, sus primeras influencias musicales bebían del blues y el country que tocaba con un instrumento muy popular en el campo, un cigar box (una guitarra hecha con una caja de cigarros) que le había construido su padre. A los trece años ganó un concurso con «Movie Magg», una canción que había compuesto él mismo y que acabaría siendo su talismán. Durante los años siguientes se dedicó a tocar por los garitos de los alrededores de Jackson, a 130 kilómetros de Memphis, en compañía de

sus hermanos Jay y Clayton, con los que decidió probar fortuna en los estudios Sun, que por entonces acababan de lanzar a un chaval llamado Elvis Presley. Sam Phillips no se quedó especialmente impresionado con los Perkins Brothers, pero le gustó el country acelerado de «Movie Magg», que fue editado en solitario por Carl Perkins en octubre de 1955. Ese año sigue grabando canciones country y honky tonk como «Gone Gone Gone» o «Let the Jukebox Keep On Playing», y a principios del siguiente año publica un nuevo single, «Blue Suede Shoes», un magnífico rockabilly que se convierte en número uno en las listas de country y el tercero en las de rhythm & blues. Su cara B, «Honey Don't», serviría como punto de encuentro de dos principiantes: John Lennon y Paul McCartney. Perkins estaba bastante alejado de la imagen de estrella del rock: parecía serio y mayor (tenía tres años más que Elvis) y además ejercía de marido y padre de familia, pero aún así se convirtió en una figura de culto para los aficionados al rock 'n' roll, compitiendo de tú a tú con Elvis o Jerry Lee Lewis. Pero en plena cresta de la ola, en marzo del año 1956, el coche que le llevaba a Nueva York para participar en el programa del cantante Perry Como se estrelló contra un camión cuyo conductor murió, mientras Carl se fracturaba el cráneo y su hermano Jay recibía graves lesiones que le causarían la muerte dos años más tarde. Mientras Perkins se recuperaba del accidente Elvis grabó «Blue Suede Shoes» con un tremendo éxito, iniciando la eterna lista de versiones del gran clásico.

A finales de 1956 Carl regresa a los escenarios y a los estudios del sello Sun, que sigue lanzando singles suyos como «Boppin the Blues», «Dixie Fried» y «Matchbox», ésta última registrada en 1957, justo en los días en que las estrellas de Sun Records —Perkins incluido— celebraron la célebre sesión conocida como El Cuarteto del Millón de Dólares. El tema se convertiría en un clásico del rock pero, al igual que muchas otras canciones de Perkins, sería más conocida por la versión de otros músicos. En 1958, sin acabar de recuperar la fama de antaño, abandona Sun Records y se marcha a Columbia, donde graba una serie de sencillos sin demasiada repercusión como «Jive After Five», «Pink Pedal Pushers» o «Pointed Toe Shoes», con el que logró un discreto éxito en 1959. Pero ya tenía una fuerte dependencia del alcohol, agudizada tras la muerte de su hermano mayor, Jay. A principios de los sesenta actúa regularmente en Las Vegas y regresa a la música country. Tras el suicidio de su hermano Clayton en 1974, pasa por una etapa de arrepentimiento religioso y en 1977 regresa a los grandes escenarios participando en el Country Music Festival de Inglaterra donde, al igual que el resto de Europa, gozó de un gran reconocimiento durante los años ochenta. En 1987 ingresó en el salón de la Fama del Rock y falleció dos años después.

★

Laura Lee Perkins

El reverso del Killer

Alice Faye Perkins
1939
Killarney, West Virginia

Criada en un pueblo que pronto se le quedaría pequeño, aprendió a tocar el ukelele, la guitarra y la batería y siendo una adolescente alborotaba a sus compañeros de instituto con sus interpretaciones de rockabilly. A los dieciocho años se fue a vivir a Cleveland, Ohio, decidida a comenzar su carrera artística. Mientras trataba de sobrevivir como camarera tuvo la ocasión de grabar una prueba con el disck jokey local Bill Randle, quien mandó tres temas a Sun Records, en Memphis y a Imperial Records, en Hollywood. Ambas se mostraron interesadas por Brenda, pero Randle eligió a Imperial y la joven promesa se fue a California. En febrero de 1958 salió al mercado su primer sencillo, «Kiss Me Baby», con «I Just Don't Like This Kind of Living» en la cara B, al que siguió «Don't Wait Up», con «Oh La Baby» en el reverso, pero ninguno de los dos tuvo una acogida relevante. La idea de Lew Chudd, el dueño de la discográfica, era crear una versión femenina de Jerry Lee Lewis y como tal la colocó en los shows de rock 'n' roll más importantes del país, aunque no volvió a grabar un disco hasta cuarenta y ocho años después. En 1963 se casó y se dedicó a cuidar de su marido y su numerosa prole cerca de Detroit, donde compuso música para anuncios publicitarios. En 2006 grabó un álbum, *I'm Back and Here We Go!*, con sus viejos temas y nuevas composiciones.

Ray Peterson

Seduciendo a Corina

23 de abril de 1939 - 25 de junio de 2005
Denton, Texas - Smyrna, Tennessee

Este cantante de voz cautivadora pasó parte de su infancia en un hospital a causa de la polio. De allí salió con una cojera que le marcaría de la vida y la predisposición de hacerse cantante en Los Angeles. Fue descubierto cuando cantaba en un club por los ojeadores de la RCA, donde el 1959 grabó «The Wonder of You», un tema que se aupó al número 25 del *Billboard*, lista en la que también se situó su siguiente sencillo, «Goodnight My Love (Pleasant Dreams)». Su aspecto delicado y su magnífica y envolvente voz le convierten en un artista popular entre las jóvenes, a las que conquista con canciones como «Tell Laura I Love Her», que se coloca en el número siete del *Billboard* y vende millones de copias en 1960, el año en que crea su propio sello discográfico, Dunes Records, y lanza su gran éxito, «Corrina, Corrina». Este tema le llevaría a la cumbre de la fama, donde se mantendría una breve temporada gracias a canciones como «Missing You» y «I Could Have Loved You so Well», de 1961, o «Give Us Your Blessing», en 1963. Incluso llegó a actuar con Paul McCartney en california, pero a medidos de los sesenta su estilo de baladas trágicas y desoladas entró en una decadencia imparable y a finales de la década se retiró para acabar convirtiéndose en pastor evangélico.

Johnny Powers

El gran tupé rubio

John Leon Joseph Pavlik
25 de mayo de 1938
East Detroit, Michigan

A los dieciséis años comenzó a tocar con una banda de country, Jimmy Williams & The Drifters, hasta que descubrió el rock 'n' roll y montó su propio grupo, The Rockets, con el que en 1957 grabó un single en el modesto

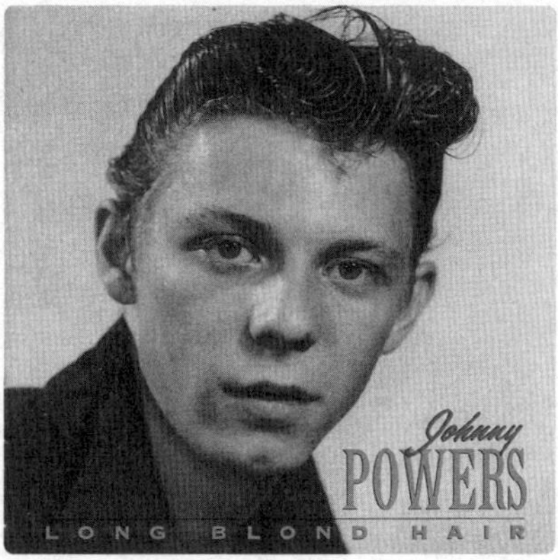

sello Fortune, «Honey Let's Go», que logró cierta notoriedad en las radios locales. Se renombraron como Johnny Powers & his Rockets y comenzaron a actuar en concursos y programas de televisión hasta que se les unión el saxofonista Stan Getz, una celebridad por entonces, tras lo que pasaron a denominarse Powers With the Band of Stan Getz & The Tom Cats, nombre con el que ficharon por el sello Fox. En 1958 sale al mercado «Long Blond Hair», un single que le proporciona el apodo por su enorme tupé rubio y que logra una buena acogida pero unas ventas modestas. La energía de la puesta en escena de Powers encandila al público juvenil. Ese mismo año firma contrato con Sun Records, donde en 1959 edita el single «With Your Love, With Your Kiss», un nuevo fracaso comercial que le lleva a dejar la compañía después de grabar algunos temas de calidad como el hipnótico «Me and My Rhythm Guitar». Tras abandonar la discográfica de Memphis, se convertirse en el primer blanco contratado por la discográfica Motown, de Detroit, la meca de la nueva música de moda, el soul, donde nunca pasó de ser músico de estudio y abandonó en 1965 para acabar fundando su propia discográfica, Trash Records. En los últimos años ha regresado para realizar esporádicos conciertos tanto en Estados Unidos como en Europa.

★

Lloyd Price

Mister Personality

9 de marzo de 1933
Kenner, Lousiana

Creció en un suburbio de Nueva Orleans donde aprendió a tocar el piano y la trompeta y se fogueó cantando en el coro de la iglesia y los grupos escolares. Trabajaba en el restaurante de su madre y actuaba en fiestas escolares, donde interpretaba sus propias canciones, como «Lawdy Miss Clawdy»,

que captó el interés de Art Rupe, un cazatalentos de Specialty Records, en la que en 1952 editó el tema con un espectacular acompañamiento, la orquesta de Dave Bartholomew, que incluía a Fast Domino al piano. La canción fue número uno de las listas de rhythm & blues y animó a Lloyd a seguir grabando temas como «Oooh-Oooh-Oooh», número cuatro, «Restless Heart», cinco y «Ain't It a Shame», otro cuatro en las listas. Pero en 1954 se marcha a Corea para actuar ante las tropas. Al regresar había sido sustituido por una nueva generación de músicos como Little Richard y se reinventó en su propio sello, KRC Records, donde en 1957 lanzó «Just Because», tercero en las listas, seguido de «Lonely Chair», sin apenas repercusión. Dos años después logra su mayor éxito con «Stagger Lee», un rock 'n' roll rotundo que se aúpa a lo más alto de las listas de pop y rhythm & blues en 1959, el año en el que graba superventas como «Personality» y «I'm Gonna Get Married». En 1960 graba su último single relevante, «Lady Luck», y dos años más tarde monta una nueva discográfica, Double L Records, en la que dio sus primeros pasos el soulman Wilson Pickett, A finales de los sesenta dejó la música y se dedicó a los negocios. Desde finales de los ochenta, Mr Personality, como era conocido en los buenos tiempos, ha regresado esporádicamente a los escenarios.

★

Elvis Presley

Simplemente El Rey

Elvis Aaron Presley
8 de enero de 1935 - 16 de agosto de 1977
Tupelo, Mississippi - Memphis, Tennessee

Más de 600 millones de discos vendidos, 33 películas y 72 grandes premios a su producción musical, que le convierten en el artista más galardonado de la historia, son sólo una medida aproximada de la importancia que ha tenido

en la historia de la música y la cultura de masas aquel chico que escandalizó al mundo con sus movimientos de pelvis y que, aún después de muerto, sigue generando un negocio de 55 millones de dólares al año. La historia, sobradamente conocida, comienza en una cabaña de Tupelo, Mississippi, donde una pareja de blancos pobres, Vernon Elvis y Gladys Love, una noche de principios de enero de 1935 vive la amarga experiencia de que uno de los gemelos que esperaban y para el que habían pensado el nombre de Jesse Garon, muera al poco de nacer.

El niño superviviente, Elvis Aaron, quedará marcado de por vida por este hecho. A los seis años cantó en público por primera vez, vestido como un cowboy, cantando un clásico del country, «Old Shep», en una función escolar en la que no brilló especialmente. En 1948 la familia se trasladó a Memphis, donde tras un par de años pasando serios apuros económicos se instalaron en una modesta vivienda en un barrio de blancos de clase baja llamado The Coruts, donde también se criaron otras leyendas del rock como los hermanos Burnette. Era un chaval tímido que solía llevar consigo una guitarra, pero al que le costaba mucho tocar en público. Su música favorita era el country, pero también el blues y el gospel de los afroamericanos, entre los que había pasado la mayor parte de su infancia. Además visitaba habitualmente Beale Street, la calle de Memphis donde estaban la mayoría de los garitos de blues y rhythm & blues.

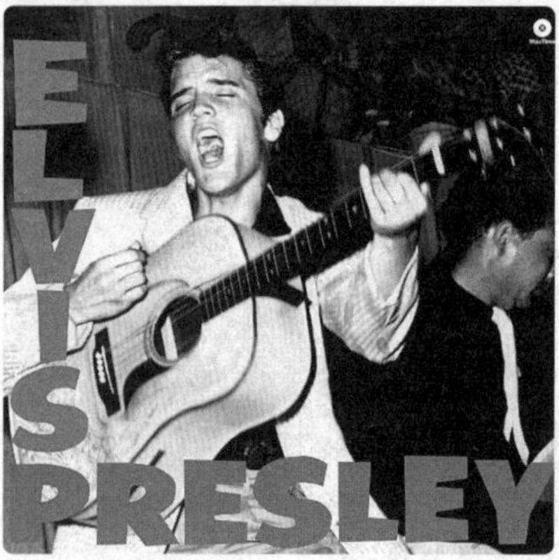

Tras abandonar la escuela, encontró trabajo conduciendo un camión en una empresa de electricidad y comenzó a desarrollar su imagen de gamberro sin dejar de ser un buen chico, un poco pegado a las faldas de su madre, a la que en 1953 regaló un par de canciones, «My Happiness» y «That's When Your Heartaches Begin», que había grabado en unos nuevos estudios de Memphis, Sun Records. Aquel chico guapo, con sus patillas y su espectacular tupé, encandiló a la secretaria de los estudios, Marion Keisker, pero no tanto a Sam Phillips, el dueño de la discográfica, que dejó pasar casi un año hasta que el 5 de julio de 1954 lo llamó para hacer una prueba en la que Elvis cantó «That's All Right», un blues de Arthur Cudrup, acompañado por dos músicos del estudio, el guitarrista Winfield Scotty Moore y el contrabajista Bill Black. Una semana después, la grabación estaba sonando en el programa de radio más popular de Memphis, el *Red, Hot & Blue* de Dewey Phillips, uno de los principales difusores del rock 'n' roll en sus orígenes. El 17 de julio Elvis actuaba en público como profesional por primera vez en el club Bon Air, con Scotty Moore y Bill Black convertidos en The Blue Moon Boys. El single, con «Blue Moon of Kentucky» en la cara B, comenzó a vender miles de copias a pesar del boicot de algunas emisoras de radio que consideraban su música demasiado negra. Es más, algunos creían que Elvis era negro, debido a un equívoco que se produjo en una entrevista de radio en la que se refirió a su colegio, que estaba en una zona de mayoría afroamericana. Durante el otoño de 1954, Elvis se curtió actuando en clubs de los alrededores de Memphis desarrollando su puesta en escena, con sus movimientos de caderas y sus contorsiones que enloquecían a las chicas y provocaban la envidia de los chicos, que han querido imitarle a lo largo de varias generaciones.

Tras su paso por el festival Grand Ole Opry, que no convenció al público de country, a mediados de octubre actúa en el festival Louisiana Hayride con un éxito arrollador. En 1955 graba su segundo single, «Good Rockin' Tonite», y aparece en su vida un personaje fundamental: Tom Parker, más conocido como El Coronel, que no era coronel, sino un inmigrante de los Países Bajos, que había sido expulsado del ejército y que se había curtido en mil batallas, trabajando en circos ambulantes y espectáculos de cowboys, para acabar convertido en un hábil publicista y promotor musical. En manos de este controvertido personaje, Elvis comienza su vertiginosa ascendencia al estrellato.

Después de grabar una decena de sencillos para Sun Records, entre los que se encuentran «I Don't Care If the Sun Don't Shine», «Baby, Let's Play House» y «Mistery Train», que le llevan por primera vez a las listas de éxitos, en 1956 ficha por RCA y graba «Heartbreak Hotel», que el Coronel lanza con una gran campaña de programas en la cadena de televisión CBS y que convierten a Elvis en una figura nacional. Coloca un tema tras otro en lo más alto de las listas: «I Want Yoy, I Need You, I Love You», «Don't Be Cruel» o «Houng Dog», e inicia una carrera como actor que generará una

controversia que llega hasta hoy, pero que le convierte en un mito juvenil. Por citar sólo algunas de sus películas, ahí están *Love Me Tender* en 1956, *Jailhouse Rock* en 1957, *King Creole* en 1958, *Blue Hawaii* en 1961 o *Charro!* en 1969, para dar fe de una carrera cinematográfica, digamos, dispar.

En 1956 se instala en su palacio de Graceland, en Memphis, y lanza un LP tras otro, con títulos que constatan su reinado en el rock and roll: *Elvis Presley*, *Elvis* y *Elvis' Christmas Album*, éste último editado en noviembre de 1957, un mes antes de que fuese llamado a filas. Tras un mediático paso por el ejército en una base de Alemania, con fallecimiento de su madre y enamoramiento de su futura esposa, Priscilla Beaulieu, incluidos, en 1960 regresa y graba un álbum arrollador, *Elvis Is Back!* Y era cierto, Elvis regresaba y lo hacía por todo lo alto, de la mano de Frank Sinatra en un show televisado para todo el país. Pero a pesar del abrumador éxito de su retorno, las cosas habían empezado a cambiar en el panorama musical en el que se imponían grupos como The Beatles. El Rey siguió sacando obras maestras como «Return to Sender» en 1962, «Viva Las Vegas» en 1964, «Blue River» en 1966 o incluso «Burning Love» en 1972. Sus álbumes de los años sesenta fueron casi todos Disco de Oro o Platino y a lo largo de los setenta fueron perdiendo ventas hasta que en 1977 logró llegar de nuevo a lo más alto de las listas con *Moddy Blue*. Pero para entonces su larga adicción a las anfetaminas y a la farmacopea en general, sumada a una vida de estrés y desorden, hacía tiempo que le habían deteriorado física y mentalmente hasta extremos muy preocupantes, convirtiéndolo en una caricatura de lo que había sido.

El 16 de agosto de 1977, la noticia de su muerte recorrió el planeta de punta a punta. Su vida y su obra necesitarían una enciclopedia particular, no sólo como músico y artista, sino como icono de la cultura popular universal del siglo XX.

Johnny Preston

La breve fortuna

John Preston Courville
18 de agosto de 1939 - 4 de marzo de 2011
Port Arthur, Texas - Beaumont, Texas

Comenzó su carrera cuando estudiaba en la Universidad de Lamar, donde montó su primera banda, The Shades, que tuvo la fortuna de tocar ante el disck jockey y cazatalentos Big Booper. A éste le gustó el estilo de Preston y le cedió uno de sus temas, «Running Bear», para que lo grabase en solitario en 1959 con Mercury Records y consiguiese colocarse como número uno en las listas de Estados Unidos e Inglaterra. Pero el autor no pudo disfrutar de ese éxito ya que falleció meses antes de que el disco saliese a la calle. Sin el respaldo de Booper, Preston logra un nuevo éxito con «Cradle of Love», número 7 en la lista de rhythm & blues de 1960 y segundo en las listas británicas. Sus siguientes singles, «Feel So Fine», «I'm Starting to Go Steady» o «Leave My Kitten Alone», no lograron tanta repercusión y su carrera fue languideciendo tan rápidamente como había subido. En los noventa recibió diversos homenajes de reconocimiento, tanto en su país como en Inglaterra. Quizá su canción más conocida sea «Running Bear», pero en la versión que durante muchos años interpretó Led Zeppelin en todos sus conciertos.

Dwight Pullen

El buscavidas

Dwight A. Pullen
5 de marzo de 1931- 24 de noviembre de 1961
Blountsville, Alabama - Los Angeles, California

Creció en una familia con especial inclinación por la música, la profesión de sus cuatro hermanos y sus cuatro hermanas. Cuando tenía diez años, su familia se trasladó a California y allí montó su primera banda con unos

compañeros de colegio, tuvo su propio programa de radio y comenzó a desarrollar un temprano talento como buscavidas, ingeniándoselas de las más variopintas formas para hacerse con unos dólares, que no le duraban demasiado dada su generosidad. En 1955 se marcha a Nashville, donde prueba en diversas discográficas hasta que consigue grabar con un modesto sello, Delta Records, que en 1956 lanza un single con dos temas country, «Broke Waiting For A Break» y «I'm Begging Your Pardon», con el nombre de Whitey Pullen. En 1958 graba un par de rockabillys compuestos por él mismo, «Sunglasses After Dark» y «Teenage Bug», que recibieron muchas alabanzas de la crítica y muy poco respaldo del público. Al año siguiente trabajó como road mánager para Gene Vincent, quien grabó dos temas suyos, «Everybody's Got A Date But Me» y «She She Little Sheila». A partir de entonces usa el nombre de White Pullen para registrar una serie de temas, mezcla de baladas populares, country y algún rock 'n' roll como «Tuscaloosa Lucy» en 1960 o «Crazy in Love» y «Tight Slacks», editados después de morir Pullen.

R

★

Johnnie Ray

El príncipe de los llorones

John Alvin Ray
10 enero de 1927 - 24 febrero de 1990
Hopewell, Oregon - Los Angeles, California

Un músico con audífono podría ser el principio de un chiste, si no fuera porque ese músico existió y comenzó siendo un niño al que una broma pe-

sada en un campamento de verano dejó sordo de un oído, a pesar de lo cual aprendió a tocar el piano y se presentó con éxito a concursos de jóvenes talentos. Comenzó en los clubs de Portland tocando rhythm & blues y a los diecisiete años se fue de casa para cumplir el sueño de miles de chavales americanos: triunfar en Hollywood, donde no pasó de extra.

En 1951 llegó a Detroit dispuesto esta vez a triunfar como músico, interpretando unas canciones de letra lacrimógena con una puesta en escena tan sobreactuada que explicaría su fracaso en el cine. A pesar de sus exageraciones escénicas, o quizá por ellas, se hizo muy popular, sobre todo entre las damas, y acabó grabando con Okch Records un primer single, «Whiskey & Gin», que pasó desapercibido. Pero el siguiente, «Cry», toda una definición de su estilo, llegó al número uno de las listas en 1952, con una cara B, «The Little White Cloud that Cried», que fue número dos.

Su compungida forma de cantar, con la cara trasmutada de sufrimiento, mesándose los cabellos e implorando de rodillas, le valieron los apodos de 'El príncipe de los lamentos', 'El sultán del sollozo' o 'Mr. Emotion'. Su principal aportación al rock 'n' roll fue darle teatralidad a la interpretación y provocar la histeria de las fans con canciones ramplonas como «Walkin' My Baby Back Home» en 1952, «Somebody Stole My Gal» en 1953 o «Just Walking in the Rain» en 1956. En 1954 cumplió su sueño cinematográfico actuando junto a la mismísima Marilyn Monroe en una película que resultó un fracaso comercial. Más tarde, una operación fallida que le dejó prácticamente sordo de los dos oídos y la salida a la luz pública de su homosexualidad le llevaron al olvido paulatino.

Little Rachel y The Casey Sisters

Esencias de los cincuenta

2000
Austin, Texas

Las hermanas Rachel y Caroline empezaron cantando a dúo en su Austin natal a principios de 2000. Su popularidad pronto trascendió fronteras y grabaron un par de discos con el sello sueco Tail Records, *Who's Crying Now*, en 2000, y *Crazy Spree*, en 2003, que fueron recibidos con muy buenas críticas. Después de cuatro años de trabajo conjunto, The Casey Sisters se separan y Rachel decide emprender una carrera en solitario que la lleva a regresar a las raíces del rhythm & blues de los cincuenta y grabar en 2005 *Cause I Feel Good*, un disco de homenaje a sus artistas favoritos, como Etta James, Big Mam Thorton o Little Richard. El prestigio adquirido la lleva a actuar de forma continuada en los principales festivales de rockabilly de Estados Unidos y Europa y en 2007 graba su segundo álbum, acompañada por la banda de Barcelona Lazy Jumpers, *There's a New Miss Rhythm in Town*, con el sello español El Toro Records. En 2009 lanza *When a Blue Note Turns Red Hot*. Es una de las figuras más importantes del rock and roll de inicios del siglo XXI con una voz espectacular, un profundo conocimiento del blues y un exquisito respeto por la música de los años cincuenta.

Johnny Rebb

El caballero del rock

Donald James Delbridge
20 de marzo de 1935 - 28 de julio de 2014
Sidney, Australia - Newcastle, Nueva Gales del Sur

Descubrió el rock and roll viendo la película *Semilla de maldad*, de 1955, cuando era un muchacho que trabajaba en una carnicería de Sidney. Tras montar la banda Johnny Rebb & His Rebels, graba con el sello Colum-

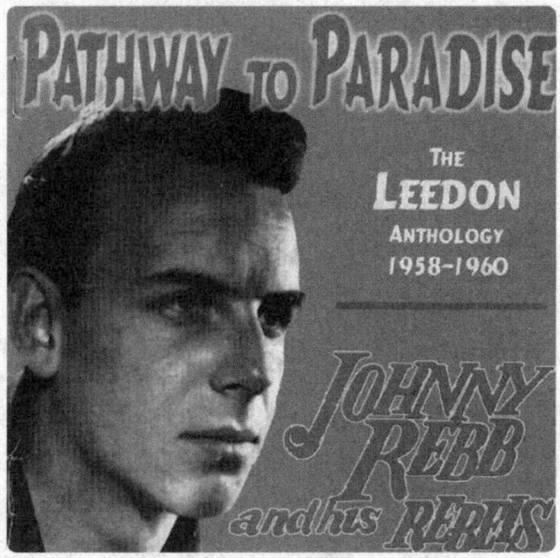

bia sendas versiones de los temas «Johnny B Good» y «Rebel Rock», que pasaron desapercibidas para casi todo el mundo excepto para Lee Gordon, propietario de la discográfica Leedon Records, con la que en 1958 graba un single, «Hey Sheriff», que es la antesala de su primer éxito, conseguido al años siguiente con el tema «Pathaway to Paradise», al que siguieron «Higway of love», una versión del tema de Carl Perkins, «How Will It End» y «Think Me A Kiss», grabados en 1960 todos con un aire de música hawaiana que anunciaba su paso al surf rock que se materializaría en 1964 cuando se unió a la banda The Atlantics después de un viaje a los Estados Unidos para publicar el single «Billy Blue Shoes». Con The Atlantics grabó temas como «Come On» o « It's a Hard Life», en 1967, que le convirtieron en precursor del rock garage. Su apodo, The Gentleman Rock, se debía a su atildada y sobria apariencia física.

★

Jerry Reed

Pionero del country rock

Jerry Reed Hubbard
20 de marzo de 1937 - 1 de septiembre de 2008
Atlanta, Georgia - Nashville, Tennessee

Pasó su infancia en un orfanato hasta que, a los siete años, se reencontró con su madre y se fue a vivir con ella. Tenía un talento natural para la música que no pasó desapercibido al productor Boll Lowery, con el que a los dieciocho años graba su primer sencillo, «If the Good Lord's Willing». En 1956 registra «Mr. Whiz» un tema que oscila entre el country y el rockabilly y al que siguieron temas cada vez más rockeros como «Bessie Baby» en 1958 o «Little lovin' Liza» en 1959. A principios de los sesenta transitó por un estilo con influencias del country, el soul e incluso el rock psicodélico, que le convertiría en un pionero del country rock. En 1967 produjo su mejor canción, otro

híbrido de country y rockabilly titulado «Guitar Man», que se haría universalmente famoso en la versión de Elvis Presley. Temas como «Are You From Dixie» en 1969, «Lord Mr. Ford» en 1973 o «Boogie-Woogie Rock & Roll» en 1974, le convirtieron en un abanderado del rockabilly en una época en la que imperaba la psicodelia hippie, en la que también se zambulló ocasionalmente. A pesar de que nunca estuvo entre los más grandes del rock 'n' roll, escribió algunos temas de referencia del género. También desarrolló una carrera cinematográfica y televisiva que le convirtió en un figura popular de los años setenta, siendo recordado sobre todo por su papel en el film *Smokey and the Bandit* (Los Caraduras), junto a Burt Reynolds, en 1977.

Billy Lee Riley

El prófugo de Sun Records

5 de octubre de 1933 - 2 de agosto de 2009
Pocahontas, Arkansas - Jonesboro, Arkansas

Por sus venas corría sangre india y se crió en una plantación de Arkansas donde compartió su infancia con los hijos de los aparceros negros. Con ellos aprendió a tocar la armónica y de ellos se contagió con el espíritu del blues más genuino. Tras pasar por el ejército, montó su primera banda de country

blues, mientras trabajaba en los oficios más variados. A los veintiún años se casó y montó un restaurante en Memphis, donde también tocaba con una banda de hillbilly llamada The Arkansas Valley Ranch Boys. La casualidad hizo que en 1955 conociera a dos jóvenes músicos que intentaban abrirse camino también como compositores y productores, Jack Clement y Slim Wallace, con los que grabó un tema, «Trouble Bound», que llegó a los estudios de Sun Records, cuyo propietario, Sam Phillips, fichó a Billy Lee y en 1956 lanza «Trouble Bound» con «I Want With Me Baby» en la cara B. A principios de 1957 graba «Flying Saucer Rock & Roll» y seis meses después «Red Hot», dos estupendos rockabillys que estaban destinados a ser un pelotazo, pero Sam Phillips decidió promocionar a otro músico de su discográfica, Jerry Lee Lewis, y Billy Lee se cogió un cabreo monumental y se marchó para montar The Spitfires, una banda de corta duración, con Roland Janes y Bill Justis, otros dos prófugos de Sun Records. Tras montar Rita Records con Roland James, Riley sobrevivió como músico de estudio en sellos modestos y en 1962 se instaló en Los Angeles para trabajar como músico de acompañamiento para Dean Martin, Davis Jr, The Beach Boys o Johnny River. En los años ochenta el revival del rock 'n' roll le recuperó para los escenarios y en 1997 su álbum *Hot Damn!* recibió una nominación a los Grammy.

★

Charlie Rich

El zorro plateado

Charles Rich
14 de diciembre de 1932 - 25 de julio de 1995
Colt, Arkansas - Hammond, Louisiana

Criado en una familia acomodada en una granja rodeada de plantaciones de algodón, conoció de primera mano el blues y estudió música en el colegio, convirtiéndose en un excelente pianista antes de incorporarse a una base de

la fuerza aérea en Oklahoma, donde montó una banda de blues, The Velvetones. Al licenciarse en 1955 se casa y se instala en Memphis, en cuyos clubs comienza a tocar rhythm & blues hasta que consigue un contrato como músico de los estudios Sun, donde acompañó a las primeras estrellas como Jerry Lee Lewis, Billy Lee Riley o Johnny Cash. En 1958 graba su primer sencillo en solitario, «Philadelphia Baby» y dos años después se cuela en la lista del *Billboard* con «Lonely Weekends», un magnífico rock and roll equiparable a los de Elvis, que le podría haber lanzado al estrellato si no fuese por su carácter retraído y su aspecto físico, con un prematuro pelo canoso que le valió el apodo de El Zorro Plateado. A principios de los sesenta grabó excelentes canciones como «Just a Little Bit Sweet» o el viejo blues «Sittin' and Thinkin», pero en Sun Records estaba condenado a componer y ser músico de sesión, así que se marchó a Groove Records, donde en 1963 graba una versión del «Big Boss Man» de Jimmy Reed que tuvo una discreta acogida. Sus problemas con el alcohol y el abandono de su mujer le sumen en una crisis de la que emerge en 1967 reconvertido en una estrella de country hasta que en 1975 una recaída en el alcohol le convierte en protagonista de un escándalo en la entrega de los premios Country Music Awards que le condujo directamente al ostracismo y al retiro forzoso.

★

Cliff Richard

El pionero británico

Harry Rodger Webb
14 de octubre de 1940
Lucknow, India

Vino a parar al mundo en la India cuando era una colonia británica y a los ocho años llegó a Inglaterra, donde su vida cambió por completo. Harry Webb se convirtió en un adolescente de la clase media baja que alternaba los estudios,

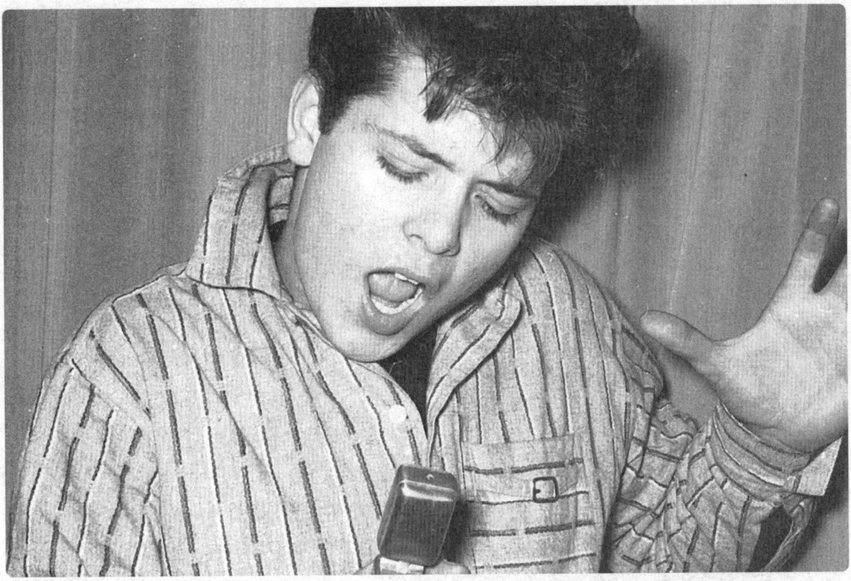

el trabajo y su afición a la música que le llevó a adoptar un nuevo nombre artístico y montar Cliff Richard and The Drifters, que grabaron su primer disco en 1958, en los estudios de EMI en Abbey Road, cinco años antes de que los Beatles los pisaran por primera vez.

Se trataba de un single que en la cara B llevaba «Move it!», un rockabilly de composición propia que muchos consideran el primer rock 'n' roll británico y que se convirtió en un fenómeno de ventas en cuestión de meses, tras el que lanzan «Living Doll», su primer número uno en las listas. En 1959, convertidos en Cliff Richard & The Shadows, graban «Dynamite», otro potente rock and roll que junto a temas como «Mean Streak» lanza a Richard a la fama y lo convierte en un ídolo de las jovencitas británicas. A principios de los sesenta Richard y los Shadows realizan una gira por Estados Unidos, protagonizan películas como *The Young Ones*, *Summer Holiday* o *Wonderful* y editan una serie de canciones como «Please Don't Tease» o «I Love You», que se deslizan a pasos agigantados hacia el pop más blando y comercial. The Shadows lograron uno de sus mayores éxitos sin Richard, «Apache», que supuso la eclosión del rock instrumental en Inglaterra. Richard también grabó música de todo tipo sin la banda y acabaron separándose en 1968, año en que el errático recorrido de Cliff le llevó a participar en el festival de Eurovisión con la canción «Congratulations» que quedó segunda, justo por detrás del «La, La, La» de Massiel. Ha acabado devorado por su personaje y convertido en toda una institución en Inglaterra, con título nobiliario incluido: Sir Cliff Richard.

Little Richard

Entre la gloria y el pecado

Richard Wayne Penniman
5 de diciembre de 1932
Macon, Georgia

Era hijo de una bondadosa mujer con la que acudía a la iglesia a cantar gospel y de un embrutecido contrabandista de alcohol con radicales creencias religiosas, que lo echó de casa por sus veleidades homosexuales. Con sólo trece años comienza a vivir en la calle, deambulando de pueblo en pueblo y cantando en garitos, hasta que es acogido por Ann y Johnny Johnson, una pareja de blancos que regentan un club en el que desarrolla sus habilidades musicales. En 1951, tras ganar un concurso de talentos, graba con RCA unos cuantos singles intrascendentes,«Taxi Blues», «Every Hour» o «Why Did You Leave Me», que son una mezcla de gospel y rhythm & blues y que auguran el futuro rock & roll. Tras cambiar su nombre por el de Little Richard y pasar por media docena de grupos, en 1953 monta su propia banda, The Upsetters, y vuelve a grabar, esta vez con Peackoc Records y de nuevo sin fortuna. Pero al fin en 1955 durante una sesión con Specialty Records, canta una canción, «Tutti Frutti», que, tras los cambios de la compañía en su obscena letra, se convierte en su primer éxito y le catapulta a la fama. Su siguiente sencillo, «Long Tall Sally», se convierte en número uno en las listas de rhythm & blues de 1956, un puesto que repiten en los meses siguientes «Rip It Up», «Lucille», «Keep A-Knockin» o «Good Golly Miss Molly».

En 1957, en un repentino ataque de arrepentimiento religioso a causa de un amago de accidente aéreo, abandona el rock and roll para estudiar teología y hacerse predicador, un oficio en el que brilló tan histriónicamente como en su carrera musical. Pero tras algunos escándalos en su apostolado decide regresar en 1962 con una gira por el Reino Unido, codeándose con sus admiradores, The Beatles y The Rolling Stones, y grabando temas como «Bama-Lama-Bama-Loo» o «Whole Lotta Shakin' Going On» en 1964. Tras una larga temporada sumergido en las drogas, a principios de los ochenta decide regresar a su profesión de predicador y desde entonces ha recorrido un errático camino entre el púlpito y el escenario. Su figura siempre ha estado rodeada por la polémica, pero el rock & roll nunca habría sido lo mismo sin el hombre que inventó su estribillo por excelencia: Awambabuluba-balambambú!

Marty Robbins

La evolución sobre ruedas

Martin David Robinson
26 de septiembre de 1925 - 8 de diciembre de 1982
Glendale, Arizona - Nashville, Tennessee

Tuvo una dura infancia, con un padre alcohólico que abandonó a sus diez hijos cuando Marty tenía doce años. Creció escuchando las aventuras que le contaba su abuelo, un antiguo cowboy de la frontera que alimentó el imaginario Western que sería su seña de identidad como artista. A los dieciocho años se incorporó a la Marina y combatió en el Pacífico durante la Segunda Guerra Mundial. Fue entonces cuando se familiarizó con la guitarra y con el estilo de música hawaiana. Al regresar a casa decide comenzar una carrera como músico, tocando en clubs, radios y fiestas locales con el nombre de Jack Robinson. En 1952, firma con Columbia Records sus primeros singles «Love Me or Leave Me Alone», «Crying 'Cause I Love You», ya como Marty Robbins y sin demasiado éxito, pero

«I'll Go On Alone», una balada country de corte tradicional, alcanzará el número uno en 1953. En los siguientes años evolucionó desde el billbilly hacia el rockabilly en soberbios temas como «Tennessee Toddy» y «Mean Mama Blues», en 1955 o «Sugaree», en 1957. Tan importante como su música es su carrera en el cine, donde escribió música para películas como *El árbol del ahorcado* y protagonizó otras como *El aventurero de medianoche*. En 1967 participó en la película de carreras *Hell on Wheels*, donde demostró sus otras habilidades, las que le permitieron participar como piloto en treinta y cinco carreras del NASCAR, los grandes premios de Estados Unidos. En 1998 recibió un Grammy Hall of Fame por su famoso tema «El Paso», un reconocimiento póstumo a una polifacética carrera artística que incluye su aportación a la transición del viejo country al moderno rock 'n' roll.

★

Rocky Sharpe & The Replays

La renovación del doo-wop

1979 - 1983
Sussex, Inglaterra

Los hermanos Robert y Jan Podsiadly, más conocidos como Rocky Sharpe y Johnny Stud, eran un par de forofos del doo-wop que montaron su primera banda vocal, The Razors, en 1972, pero no lograron consolidarse como profesionales. Tras la disolución deciden montar un nuevo grupo junto a Helen Highwater y Dickie Hart y nace Rocky Sharpe & The Replays. El grupo se pone en manos del productor Mike Vernon, que había trabajado con músicos de la talla de John Mayall, y se convierten en una versión moderna del doo-wop tradicional, con mayor apoyo instrumental. En 1978 sale al mercado su primer single, «Rama Lama Ding Dong», una versión del tema que veinte años antes habían popularizado The Edsels, un grupo vocal de finales de los cincuenta, que se convierte en un éxito rotundo de ventas. Contra todo pronóstico, en la época de mayor auge del punk y la new wave británica, el álbum *Rama Lama*, editado en 1979, se convierte en un fenómeno popular en toda Europa y la banda comienza a salir en programas de televisión y a realizar giras en las que arrasan entre el público con temas como «Imagination» y «Never» en 1979, «The Martian Hop» en 1980, «Shout, Shout! (Knock Yourself Out)» o «Come On Let's Go» en 1981. Pero el publico se cansó de lo que consideraba una moda pasajera y los aficionados el doo-wop hacía tiempo que habían dado la espalda a la banda, a la que acusaban de frivolidad comercial. En 1984 Rocky Harpe & The Replays decidieron disolverse y cada miembro siguió su propio camino.

S

Mike Sanchez

El rhythm & blues del siglo XXI

Jesús Miguel Sanchez
17 de febrero de 1964
Londres, Inglaterra

Hijo de padres españoles, nació en el West End de Londres. Aprendió a tocar el piano, pero a los quince años le regalaron una guitarra y con ella dio sus primeros pasos en la música montando The Rockets, una banda de rockabilly al estilo de los Stray Cats. En 1984 abandonó la guitarra por el piano y entró a formar parte de Big Town Playboys, una banda que practicaba un rhythm & blues al más puro estilo años cincuenta. Con ellos participó en el álbum de tributo a Gene Vincent *Crazy Legs*, grabado por Jeff Beck en 1993. En 1997, mientras sigue colaborando con el grupo, graba un álbum propio, *Just a Game*, y dos años después decide seguir su carrera en solitario. En 2000 publica *Just Can't Afford It* y al año siguiente *Blue Boy*, ambos con el sello Dooplin y repletos de un enérgico rhyhm & blues. En 2001 se integra en The Rhythm King, la banda de Will Wayman, con los que tocó hasta 2006 mientras mantenía sus propias formaciones paralelas, y graba discos en colaboración con otros músicos, como *Women and Cadillacs*, registrado en 2003 como Mike Sanchez with Knock Out Greg & Blue Weather; *You Better Dig It* en 2008, en solitario; *Babes and Buicks* en 2010 como Mike Sanchez with The Beat From Palookaville; y *Almost Grown* en 2012 en colaboración con Imelda May. Actualmente vive en España, donde actúa con regularidad y donde tiene una buena cohorte de seguidores entre los aficionados al rockabilly. Su último álbum grabado hasta el momento es *So Many Routes*, en 2014.

★

Jack Scott

La estrella del rock canadiense

Giovanni Domenico Scafone Jr.
24 de enero de 1936
Ontario, Canadá

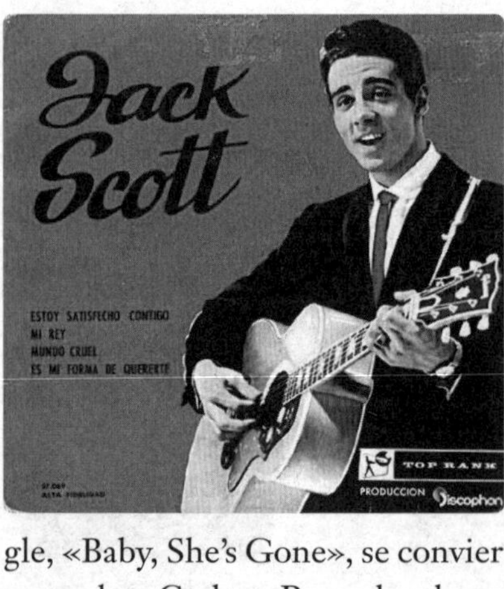

Era hijo de una familia numerosa de inmigrantes italianos que se trasladó a las afueras de Detroit cuando Jack tenía diez años. Comenzó a tocar las canciones de hillbilly que escuchaba por la radio. A los dieciocho años formó un grupo de country western, The Southern Drifters, que lideró hasta que en 1957 Joe Carlton, el cazatalentos de ABC Records, le ficha en solitario para su discográfica. Su primer single, «Baby, She's Gone», se convierte en un éxito local, pero al año siguiente se muda a Carlton Records y lanza «My True Love», un tema que camina entre el country y el rock and roll, que vende más de un millón de copias y se convierte en disco de oro, mientras que «Leroy», grabado inicialmente como cara A, llega al quinto puesto. En 1958 también lanza un par de rockabillys que entran en el *Billboard*: «Geraldine» y «Save My Soul». En 1960 ficha por Top Rank Records y se dedica de lleno a las baladas con un éxito de ventas tras otro, como «Burning Bridges» o «It Only Happened Yesterday». La tónica habitual era sacar una balada en la cara A y reservar un rock and roll para la B, donde brillaron con luz propia canciones como «Strange Desire» en 1961 o «Meo Myo» en 1963. Tras una etapa de ostracismo en los años setenta, regreso con el revival de los ochenta y se convirtió en una figura enormemente popular en Europa y Canadá, donde está considerado el padre del rock and roll clásico.

Neil Sedaka

El embrujo de Carol

13 de marzo de 1939
Brooklyn, Nueva York

Se crió en el seno de una comunidad de inmigrantes de origen judío próxima a Nueva York. Su precoz habilidad con el piano y su innato sentido musical le llevaron a la prestigiosa escuela Juilliard, donde estudió con una beca. Por entonces empezó a escribir canciones en compañía de un vecino, Howard Greenfield, un joven aspirante a poeta, con el que compone dos temas, «I Love My Baby» y «While I Dream», que registra en 1956, acompañado por su grupo, The Stokes, en una pequeña discográfica, Melba Records. Dado el poco éxito logrado, Sedaka abandona el grupo y dos años después ambos amigos componen «Stupid Cupid», un rock 'n' roll que se convierte en un éxito absoluto cantado por Connie Francis y le abre a Sedaka las puertas de la RCA como cantante solista. En 1958 participa en el programa de las promesas del rock, el American Bandstand, y graba temas como «Ring-a-Rockin», o «I Go Ape», puros rock and roll y «Te Diary», en clave doo-wop. En 1959 llega su momento de gloria con «Oh! Carol», una canción dedicada a su novia y compañera de estudios, Carole King, que se convertiría también en una popular pianista y compositora y que le devolvió la gentileza con la canción «Oh! Neil». A partir de ese momento se especializa en baladas para adolescentes, con un éxito tras otro, hasta el punto de que en 1963 había vendido sesenta y tres millones de discos en todo el mundo. Pero a mediados de los sesenta fue víctima de los cambios de gustos musicales y fue arrinconado por la llamada 'invasión británica' a la que no pudo hacer frente con sus temas melosos y chapados a la antigua. Su fama comenzó a declinar y desapareció del estrellato para sobrevivir en galas televisivas y colaboraciones con estrellas del pop como Elton John. A mediados de los setenta tuvo un retorno fugaz, con un número uno en el *Billboard* en 1975, «Rising in the Rain», un éxito que repitió al año siguiente con «Bad Blood». Sigue grabando discos y actuando por todo el mundo convertido en una vieja gloria del pop.

★

Shakin' Stevens

La puerta del éxito

Michael Barratt
4 de marzo de 1948
Cardiff, Gales

Es uno de los principales responsables de la recuperación del rock 'n' roll en los años ochenta en el Reino Unido. Se crió en un suburbio obrero de Gales y fundó su primera banda en el instituto, The Olympics, que acabaron llamándose The Denims y lograron cierta notoriedad en los pubs locales. Pero en 1967 Michael se casa y hace un amago de retiro, aunque un año después adopta su nombre artístico definitivo y monta su primera banda profesional, Shakin' Stevens and The Sunsets, que se ponen en manos del mánager Paul *Legs* Barrett quien acaba consiguiéndoles un concierto como teloneros de The Rolling Stones y un contrato con el sello Parlaphone. En 1970 editan su primer álbum, *A Legend*, que aunque no es un superventas les da el respaldo suficiente para comenzar a realizar giras por el resto de Europa y seguir grabando discos entre los que figuran Rockin' and Shakin en 1972, Shakin' Stevens & Sunsets en 1974 y Shakin' Stevens en 1978.

Un año antes, Shaky, como se le conocía popularmente, destaca en solitario por su actuación en el musical *Elvis!*, donde interpreta al Rey en sus años más gloriosos. En esa época rompe con The Sunsets y comienza una carrera en solitario que en 1980 le lleva a fichar por Epic para grabar *The Take One*, un álbum que contiene «Hot Dog», su primer sencillo en las listas de éxitos. Pero el verdadero despegue se produce al año siguiente con *Marie, Marie*, un LP que contiene una versión de la canción de The Blasters, y «This Ole House», número uno en 1980, el mismo año que sale al mercado el álbum *Shaky*, con un sencillo, «Green Door,» un número uno igual que «Oh Julie» en 1982. Sigue encadenando éxitos como «Shirley», «Cry Just a Little Bit» en 1983 o «Teardrops» en 1985. Hacia finales de los ochenta su fama empezó a languidecer, aunque ha seguido en activo hasta la actualidad, celebrando en 2011 el trigésimo aniversario de su primer LP con la grabación de un nuevo álbum, *Rockin' The Blues*.

★

Del Shannon

El fugitivo

Charles Weedon Westover
30 de diciembre de 1934 – 8 de febrero de 1990
Grand Rapids, Michigan – Santa Clarita, California

Tuvo una infancia netamente rural y fue su madre quien le enseñó a tocar su primer instrumento, un ukelele que pronto cambió por una guitarra de la que no se separaba ni cuando iba al colegio, lo que le causó más de un problema. En realidad la guitarra era prácticamente su única compañera y se pasaba la mayor parte de las horas imitando a los mitos del country que

escuchaba en la radio: Webb Pierce, Hank Williams y Roy Rogers. Pero durante la adolescencia sus habilidades musicales fueron también el refugio para un físico poco agraciado y una extrema timidez que provocaban el rechazo de las chicas y eso marcó para siempre sus letras, repletas de abandonos, desamores y amarguras del corazón varias.

Tras pasar una temporada en Alemania sirviendo en el Ejército, pasó por una difícil etapa sobreviviendo a base de trabajos precarios mientras trataba de hacerse un hueco como fuera en el mundo del espectáculo. Montó una banda de country rock para actuar en distintos locales hasta que un buen día, durante una sesión en el club Hi-L, el disc-jockey Olley McLaughlin, de la emisora WHRV, se fijó en él y lo puso en contacto con Big Top Records, donde en 1961 graba «Runaway», que en tiempo récord se instala en el número uno del *Billboard*. A partir de ahí se suceden los éxitos, «Hats Off to Larry», también en 1961, «Hey Little Girl» y «Little Town Flirt» en 1962, «Two Kinds of Teardrops» en 1963, o «Handy Man» en 1964.

A mitad de los sesenta fue barrido por el mismo pop británico que él había contribuido a crear con sus blandas melodías, huyendo del rock 'n' roll. Tras una larga temporada apartado de los escenarios y con problemas alcohólicos, a mediados de los 80 parecía que estaba dispuesto a regresar y sustituir a Roy Orbison en los Travelling Wilburys, pero una nueva crisis depresiva lo llevó al suicidio.

Warren Smith

El amargo sabor del triunfo

7 de febrero de 1932 - 31 de enero de 1980

Yazoo City, Mississippi – Longview, Texas

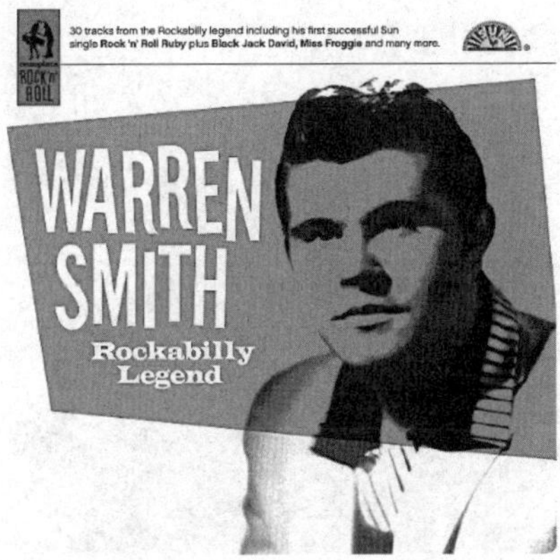

Comenzó a tocar la guitarra durante su servicio militar en Texas, donde tomó la decisión de convertirse en músico profesional. Al abandonar el ejército se instala en West Memphis, Arkansas y comienza a recorrer los clubs en busca de audiciones. En uno de ellos, el Cotton Club, le descubrió el guitarrista Stan Kessler, quien le llevó a la otra orilla del río Mississippi para hacer una prueba con Sam Phillips, el dueño de Sun Records, los estudios donde hacía menos de dos años que Elvis había grabado su primer disco y se estaba gestando el rock 'n' roll. Warren grabó unos temas respaldado por los Boys Ranch Snearly, la banda de su protector Kessler, y a Sam Phillips le gustaron tanto que decidió apostar por él y cederle una canción firmada por Johnny Cash pero escrita por George Jone, para su debut discográfico. En febrero de 1956 sale al mercado «Rock and Roll Ruby», que se convirtió en un número local y desata las desavenencias por el reparto de beneficios entre Smith y su banda, que deciden separarse.

En 1957 consigue su primer éxito nacional con «So Long, I'm Gone», al que siguen «Got Love If You Want It», en 1958 y «Sweet Sweet Girl», en 1959. Cansado de seguir a la sombra de las estrellas de Sun como Jerry Lee Lewis, abandona la discográfica y se va a Atlantic Records, donde en 1960 registra «I Don't Believe I'll Fall in Love Today» y al año siguiente «Odds and Ends (Bits and Pieces)», dos discos modestos tras los que se echa a la carretera durante largos años en los que toca donde puede mientras se va enganchando cada vez más al alcohol y las drogas que le acabaron llevando a la cárcel. Cuando todo parecía perdido, la resurrección del rock and roll en los ochenta le devolvió a los escenarios para ser aclamado por las nuevas generaciones, con cuyo reconocimiento murió a los 47 años.

Stray Cats

Los gatos callejeros

1979 - 2009
Massapequa, Nueva York

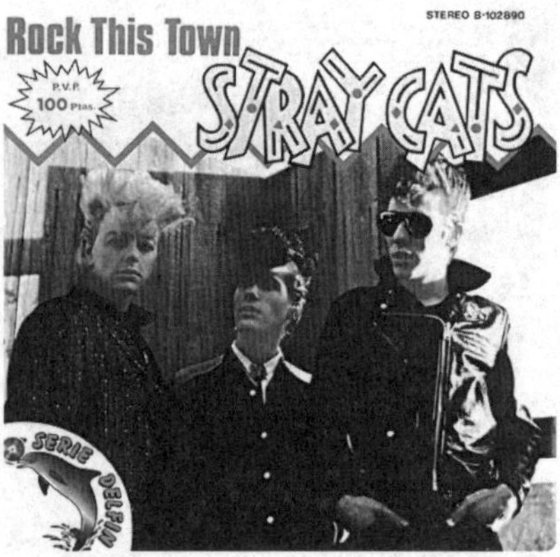

En 1978, los hermanos Brian y Gary Setzer, junto a su amigo Leon Drucker, montaron una banda de rockabilly llamada The Tomcats, con la que graban un olvidado disco de versión y se disuelven para dar paso en 1979 a los Stray Cats, integrados por Brian Setzer a la guitarra, Lee Rocker (Leon Drucker) al contrabajo y Slim Jim Phantom (James McDonell) a la batería. En medio de la efervescencia del punk neoyorkino y de la new wave, era difícil hacerse un hueco notable a pesar de su aspecto extremado y su sonido psychobilly. Tuvieron que irse de Nueva York a Inglaterra, donde en 1981 publican su primer disco, *Stray Cats*, bajo la dirección del productor Dave Edmunds, su editor en las islas británicas, que estaban viviendo un momento de absoluta efervescencia musical y resucitaban grupos y modas musicales de todo tipo adaptadas a aquellos frenéticos años ochenta. Uno de esos grupos era el de los teddy boys, que regresaron imitando de forma mucho más colorista a sus modelos de treinta años atrás. Y ese fue el público que aupó a los Stray Cats a un estrellato que acabaría trascendiendo el género.

Sus primeros singles marcan un punto de inflexión en el rockabilly moderno: «Runaway Boys», «Rock This Town» y «Stray Cat Strut» se colocan entre los diez primeros puestos de las listas y alcanzan ventas millonarias en 1981, el mismo año en que sale su segundo LP, *Gonna Ball*, con resultados más discretos. Ese mismo año regresan a los Estados Unidos para grabar con el sello EMI el recopilatorio *Built for Speed*, que es editado en 1982 y les hace profetas en su tierra, colocándose de número dos en el ranking de ventas. Su segundo álbum americano, *Rant N' Rave With The Stray Cats*, aparecido en 1983, llegó al puesto catorce de las listas. A partir

de entonces los egos y la fama llevan a la banda a una serie de encuentros, desencuentros y altibajos, aunque todavía grabarían cinco discos más. En 1984, un Brian Setzer hastiado disuelve el grupo y cada uno emprende sus propias aventuras.

En 1986 se reúnen de nuevo para grabar *Rock Therapy*, un álbum sin grandes alardes de ventas y con menos virulencia que sus discos del principio, pero repleto de buen rock 'n' roll, igual que los siguientes: *Blast Off!* en

1989, *Let's Go Faster!* en 1990, *Choo-choo Hot Fish* en 1992 y *Original Cool*, un disco de versiones de 1993, que será su penúltima grabación. La banda se disuelve de nuevo y Brian forma la magnífica Brian Setzer's Orchestra, con la que lleva a elevadas cotas el encuentro entre el swing y el rock 'n' roll y que le reporta multitud de premios, giras, discos y fama renovada. En 2004, los Stray Cats se reencontraron de nuevo para hacer un gira de la que salió un disco titulado *Rumble in Brixton*.

★

Gene Summers

En la escuela del rock and roll

3 de enero de 1939
Dallas, Texas

En 1958 un joven Gene Summers, junto al pianista Codine Craft al frente de The Rebels —un grupo juvenil que había logrado cierta notoriedad en emisoras locales de Arlington— graba el primer disco de la discográfica Jan Records, un single con una cara B, «School of Rock and Roll», que andando el tiempo se haría universalmente famoso. En 1961 Craft deja la banda y Summers decide unirse a Tommy & The Tom Toms, cuyo cantante Tommy Brown se había marchado a Florida y la banda se convierte en Gene Summers & The Tom Toms. Actuaron por todo el país, acompañando en giras a músicos de blues y rhythm & blues, como The Drifters, Chuck Berry o Elmore James. Pero las cosas no acababan de funcionar y el rock 'n' roll original comenzaba a pasar de moda.

Probó con la música para adolescentes con temas como «Dance, Dance, Dance», grabado en 1962, y más tarde se pasó a un country-folk melódico en el que su mayor éxito fue «Big Blue Diamonds», en 1964. Siguió derivando según la moda del momento y a mediados de los sesenta se sumó a la psicodelia con temas como «World of illusion». En los ochenta participó en películas y programas de televisión y a principios de los noventa tuvo serios problemas de salud de los que se recuperó para asistir en 1997 a su inclusión en el Salón de la Fama del Rock.

T

The Teddy Bears

Los orígenes de Spector

1958–1959
Los Angeles, California

A pesar de su corta vida, la historia de este grupo vocal es importante fundamentalmente porque de su seno nació una de las mentes más brillantes y manipuladoras de la música del siglo XX. A los diecisiete años, un joven enamorado del rock and roll llamado Harvey Phillip Spekter, que adopta el nombre artístico de Phil Spector, decide montar una banda de doo-wop en su instituto de Los Angeles con un grupo de amigos: Marshall Leib, Annette Kleinbard, Sandy Nelson y Harvey Goldstein, que pronto abandona el proyecto. El grupo se llama Teddy Bears, en homenaje al tema que Elvis había grabado por entonces. En 1958, una vez que se han graduado, consiguen autoproducirse una serie de sesiones de grabación con Dore Records.

Lo primero que graban es un tema titulado «To Know Him Is To Love Him» (Conocerlo es amarlo), una frase que Spector había sacado de la lápida de su padre, que se había suicidado cuando él tenía diez años. El tema se convierte en número uno y vende un millón de discos, lo que servirá para que el joven Spector cobre confianza en sí mismo y se convierta en una incipiente figura del negocio musical, en el que en la década siguiente se convertirá en una figura fundamental produciendo a grupos como The Crystals, The Ronettes o Ike & Tina Turner, entre otros muchos. Leib se marcha a la universidad y Spector, Annette y Sandy participan en el American Bandstand en su mayor momento de gloria. A pesar de intentarlo a lo largo de varios meses con temas como «Wonderful Lovable You», «Oh Why» o «If You Only Knew», el éxito no se repite y la banda se disuelve.

★

Johnny Tillotson

Poesía en movimiento

20 de abril de 1939
Jacksonville, Florida

Fue un músico precoz y siendo apenas un adolescente hizo su primera aparición en un programa de la televisión de Florida, donde consiguió tener su propio show durante tres años, mientras estudiaba periodismo en la universidad. En 1957 quedó finalista en un concurso de jóvenes talentos, lo que le permitió fichar por Cadence Records y marcharse a Nueva York. En

1958 graba su primer single, «Dreamy Eyes», y al año siguiente el segundo, «True True Happiness», que consiguieron resultados aceptables en las listas dedicadas al pop. En 1960 llega su primer éxito con «Poetry in Motion», una canción compuesta por Paul Kaufman y Mike Anthony que llega al número uno y que se convertirá en un absoluto clásico. Al año siguiente vuelve a la parte alta de la tabla del *Billboard* con «Without You» y repite éxito en 1962 con «It Keeps Right On a-Hurtin», que le proporcionó un premio Grammy que reconoció su talento musical.

Sus temas tuvieron una importante acogida entre buena parte del público de rock and roll a pesar de sus temas un tanto melifluos y su aspecto de chico aplicado. En 1963 ficha por MGM y acentúa su vertiente country hasta acabar convirtiéndose en toda una leyenda del género con canciones como «Funny How Time Slips Away» en 1963, «She Understands Me» en 1964 o «Heartaches by the Number» en 1965. Desde hace años, vive prácticamente retirado disfrutando de su fortuna, aunque de vez en cuando todavía se sube a los escenarios.

★

Ike Turner

En el ojo del huracán

Izear Luster Turner
5 de noviembre de 1931 – 12 de diciembre de 2007
Clarksdale, Mississippi - San Marcos, California

Aunque eclipsado por su mujer y por una mala vida de leyenda, Turner es una figura clave en el desarrollo de la música negra americana en general y del rock & roll en particular, que evolucionó del blues al rhythm & blues para situarse en el momento clave de la creación del rock and roll. Ike nació en Clarksdale, Mississippi, una pequeña ciudad que en los años treinta y cuarenta era la incubadora del blues, el cruce de caminos de Robert Johnson y el pueblo del que salieron Muddy Waters, John Lee Hooker o Sam Cooke, entre otros muchos. Aprendió a tocar la guitarra y el piano cuando era un niño y siendo un adolescente empezó a tocar en una banda local, The Tophatters, que se escindió en dos formaciones, una de las cuales, The Kings of Rhythm, sería la banda de Ike durante casi toda su vida.

En 1951, tres años antes de que lo hiciese Elvis Presley, cruzó la puerta de Sun Records en busca de fama y fortuna. Lo primero que grabó, «Rocket 88», se convirtió en un éxito instantáneo el ser comprado por el sello Chess. Aunque Ike siempre reivindicó su autoría, el tema fue atribuido a Jackie Brenston, el saxofonista, y fue firmado por Jackie Brenston & The Delta Cats. Sea como sea, el caso es que «Rocket 88» está considerada por muchos estudiosos como la primera grabación auténtica de rock and roll. Después de una enorme bronca, Breston y parte de los Kings of Rhythm se marcharon e Ike se convirtió en músico de estudio y productor para varias discográficas como Sun y Modern Records. Además de un notable talento como guitarrista, tenía un carácter pendenciero que lo llevó a prisión varias veces, aunque también era un chico inteligente y hábil en los negocios. A principios de los cincuenta se convirtió en cazatalentos y proporcionó a Modern Records algunos de sus mejores descubrimientos, como Howli'n Wolf, B.B. King o Buddy Guy.

Una noche de 1956, en el Club D'Lisa de St Louis, se cruzó en su camino una chica llamada Ann Bullock que se convertiría en Tina Turner y que acabaría eclipsando el indudable talento de su egocéntrico y exaltado marido. Ike y Tina crearon un proyecto conjunto que les hizo transitar del rhythm & blues al soul y al rock and roll y que les convirtió en estrellas mundiales hasta que se separaron. A partir de entonces Ike entró en una espiral de drogas y delincuencia de la que emergió a finales de los noventa para grabar algunos discos en colaboración con grandes estrellas del pop, antes de acabar muriendo a causa de una sobredosis de cocaína.

Conway Twitty

A la sombra de Elvis

Harold Lloyd Jenkins
1 de septiembre de 1933 - 5 de junio de 1993
Friars Point, Mississippi — Springfield, Missouri

Aunque desarrolló la mayor parte de su carrera dentro del country, sus incursiones en el rock 'n' roll, el rockabilly y el rhythm & blues cosecharon un notable éxito. Afirmaba ser sobrino nieto del famoso actor cómico Harold Lloyd y cuando tenía diez años su familia se mudó a Helena, en Arkansas, una ciudad que durante años había sido una de las mecas del blues rural y en la que abundaban las estaciones de radio y los locales musicales. Allí montó su primer grupo, The Phillips County Ramblers y allí tuvo su primer programa de radio. Su pasión por el beisbol le podía haber llevado a convertirse en jugador profesional si hubiese aceptado la oferta de los Philadelphia Phillies en lugar de enrolarse en la Marina. A su regreso se convirtió en uno de los miles de conversos que abrazaron el rock 'n' roll después de escuchar a Elvis. Comienza escribir canciones y monta una nueva banda, Harold Jenkins & the Rockhousers, pero al poco tiempo decide probar fortuna en Sun Records, donde intenta sin éxito sacar adelante su tema «Rockhouse» que la compañía acabaría utilizando como base para una canción de Roy Orbison. En 1956 Jenkins se marcha y ficha por Mercury Records, donde adopta su nombre artístico definitivo y graba algunos singles como «Just in Time» o «I Need Your Lovin», que le permiten dar el salto a MGM y editar «It's Only Make Believe», en 1958, una balada rockera que lenta pero inexorablemente va vendiendo discos hasta acabar llegando a los ocho millones de copias. Su voz era confundida con la de Elvis por buena parte del público, lo que ayudó a ampliar una fama que le llevó a Hollywwod, donde escribió bandas sonoras y protagonizó películas de temática juvenil, sin dejar nunca de producir estupendos rock and roll como «Vibrate» en 1958, o «Monna Lisa» y «Lonely Blue Boy» en 1959. A principios de los sesenta comenzó a dedicarse cada vez más al country, con un primer número uno en 1968, «Next in Line», que le convirtió en un grande del género, como confirmaría con «You've Never Been This Far Before» en 1973. Tras una larga carrera como músico de country y empresario deportivo, falleció durante una gira por el sur del país. Aunque tuvo que esperar a morirse para ser incluido en el Salón de la Fama del Rockabilly, con él desaparecía una de las grandes figuras del primitivo rock 'n' roll.

V

★

Ritchie Valens

La bomba latina

Ricardo Esteban Valenzuela
13 de mayo de 1941 - 3 de febrero de 1959
Pacoima, California - Clear Lake, Iowa

Su carrera quizá sea una de las más breves de la historia del rock y una de las que dejó más profunda huella. Ocho meses mediaron entre el día que Bob Keane, el presidente de Del-Fi Records le viera por primera vez actuando en un local de un cine de San Fernando y la fatídica noche de febrero en que falleció en el tristemente famoso accidente de avión de Clear Lake. Criado en una familia de temporeros chicanos que malvivían recogiendo fruta en California, mostró una inclinación natural por la música y aprendió a tocar la trompeta, la batería y la guitarra, un instrumento que usaba en su versión para diestros aunque él era zurdo y en el que mezclaba los sonidos de procedencia mexicana con

el country y el rhythm & blues. A los dieciséis años se unió a una banda local, The Silhouettes. Comenzó como guitarrista pero pronto se convirtió en el cantante y figura principal del grupo. Su fama aumentó rápidamente, comenzando a ser conocido como el Little Richard de Pacoima, lo que llegó a oídos de un modesto sello de Hollywood, Del-Fi, que se decidió a grabar unas pruebas en las que Ritchie cantó «Donna», una balada rock dedicada a su novia, Donna Ludwing, y «Ritchie's Blues», un blues instrumental de corte absolutamente clásico. Bob Keane, propietario de la discográfica, decidió grabarle un disco y rebautizarlo como Ritchie Valens, para lanzarlo entre el público anglosajón.

En julio de 1958 grabó su primer sencillo, «Come On, Let's Go», en la cara A, y «Framed», un tema con influencia de John Lee Hooker, en la B. El disco se convirtió en un éxito absoluto, pero el siguiente, con «Donna» en la cara A y «La Bamba» en la B, se convierte en un auténtico bombazo. Es la hora de un éxito que se vaticina clamoroso, con una pequeña actuación en la película de Alan Freed *Go, Johnny Go!* y una gira con las estrellas del momento: Dion & The Belmonts, Frankie Sardo, Buddy Holly y The Big Bopper. Desdichadamente, Ritchie y los dos últimos fallecen al estrellarse la avioneta en la que viajaban en lo que se conoce como 'El día que murió la música', quizá porque fue la primera tragedia colectiva de las muchas que viviría el rock. Valens dejaba apenas un puñado de canciones, entre las que destacan «Fast Freight», un magnífico tema instrumental,

«That's My Little Suzie» o «We Belong Together». A su fama, a su leyenda y a su talento musical hay que añadir el reconocimiento por haber sido el principal responsable de que el rock en español naciese prácticamente al mismo tiempo que el cantado en inglés, extendiéndose meteóricamente por el universo latino.

★

The Ventures

Surf de Washington

Tacoma, Washington
1958

Fueron la banda de rock instrumental y surf más famosa de los años sesenta y la que más discos ha vendido. Nació en 1958 en Washington, como un dúo integrado por los guitarristas Don Wilson y Bob Bogle, que se hacían llamar The Versatones, que incluso fundaron su propio sello, Blue Horizon, con el que grabaron algunos temas y al que se unieron Skip Moore a la batería y Edwars Nokie al bajo, para grabar como The Ventures «Cookies & Coke», un rock con aires countries sin mayor trascendencia que da paso a «Walk Don't Run», una canción previamente popularizada por Chet Atkins, uno de sus referentes musicales junto a Les Paul. Se trata de tema instrumental que hará historia y que se convierte en un sorprendente número dos del *Billboard* cuando la distribuye Dolton Records.

Tras algunos intentos erráticos pero exitosos, como la grabación de una versión del bolero «Perfidia» o el rock 'n' roll «Ram-Bunk-Shush», en 1961 lanzaron *The Colorful Ventures*, un álbum en el que afinan perfectamente el estilo que les haría universalmente famosos. El disco estaba concebido como una obra en sí misma, en la que todas las canciones estaban relacionadas, lo que en la época era una rareza que les convirtió en pioneros de lo que acabaría llamándose 'discos conceptuales'. En 1962, un accidente de moto deja al batería fuera de circulación y provoca la incorporación de Mel Taylor, que imprime un ritmo más contundente a la banda. Ese año sacan *Twist with the Ventures*, un álbum que se coloca en el puesto veinticuatro de las listas, y en 1963 suben al octavo puesto con *The Ventures Play Telstar and the Lonely Bull*.

En los años setenta su estilo pasa de moda y su popularidad disminuye hasta que son recuperados y homenajeados en los años ochenta. Aunque el papel de líder de la banda, por la que han pasado más de quince músicos, casi siempre corrió a cargo de Nokie Edwars, a quien debe la peculiaridad de su sonido y buena parte de su éxito es a la innovadora forma de tocar la guitarra de Bob Bogle. Han grabado cerca de setenta discos de los más variados géneros, de los han vendido casi 100 millones de copias, y entre sus temas más conocidos figuran el tema de cabecera de James Bond y bandas sonoras de series como *Hawai 5.0*, *Shaft* y *SWAT*. En 2008 entraron en el Salón de la Fama del Rock.

★

El Vez

Una real parodia

Robert López
1960
Chula Vista, California

Tras sus primeros intentos en la escena punk californiana de los ochenta con una banda conocida como Los Ramones Chicanos, a principios de los noventa López encontró un hueco para alcanzar la fama: una mezcla de versiones homenaje a Elvis, con un toque de música mexicana e ingeniosas letras cantadas en una especie de *espanglish* y el apoyo de una banda estilo mariachi, Los Memphis Mariachis, y un coro femenino, Las Adorables Elvettes. Tras esta coctelera, «In The Guetto» pasó a convertirse en «En el barrio» y «Thats All Right» en «Está bien mamacita», los dos temas de su primer single grabado en 1994, al que siguieron «Maria's the Name», «Lordy Miss Lupe » y cinco singles más que recopiló en 1994 en su primer álbum, *How Great Thou Art*. Fruto de una febril actividad creativa, ese mismo año grabó otros tres LP, *Fun in Español* —una parodia de *Fun in Acapulco*—, *Graciasland* —una caricatura del *Graceland* de Paul Simon— y *Merry Mex-Mas*. Dos años después, y tras un periplo de giras por todo el mundo, graba un disco con temas propios pero sin renunciar a las versiones, no en vano el disco se titula *G.I. Ay! Ay! Blues*, en alusión directa al *GI Blues* de Elvis. Los último años ha estado dedicado a todo tipo de actividades artísticas, siempre con su extravagante sello y su impecable producción musical. Sigue en activo montando unos espectáculos bastante delirantes en los que lo mismo sale vestido de indio azteca que de chulo pachuco.

★

Gene Vincent

El Príncipe Negro

Eugene Vincent Craddock
11 de febrero de 1935 - 12 de octubre de 1971
Norfolk, Virginia - Newhall, California

De todas las primeras estrellas del rock, Vincent fue el que más contribuyó a revestirlo de un carácter rebelde, insurrecto e incluso agresivo, tanto en la forma como en el fondo. Eugene pasó sus primeros años en la tienda de música que tenía su padre, escuchando country y rhythm & blues, pero a los diecisiete años decidió abandonar la escuela y enrolarse en la Marina para marcharse a Corea, quizá impulsado por el ejemplo de su padre, que había sido marino en la Segunda Guerra Mundial. Aunque tocaba la guitarra desde niño, no fue hasta después de su licenciamiento de la Armada a causa de un accidente de moto, que decidió buscarse un nombre artístico y dedicarse a la música, primero como miembro de una banda de country y luego en The Blue Caps, una banda en la que militaba Cliff Gallup, uno de los pioneros de la guitarra rock. Con ellos grabó su primera sesión para Capitol Records en 1956. El resultado fue un single que por la cara A lleva-

ba un tema llamado «Woman Love» y por el otro lado un canción titulada «Be-Bop-A-Lula», que fue la que se convirtió en un éxito inmediato. Desde ese momento la compañía se volcó en el joven artista, tratando de sacar de él una estrella en la estela de Elvis, que era lo que buscaban todas las discográficas por entonces.

Pero Vincent era difícil de domesticar y sus letras demasiado agrestes y explícitas para aquellos años. El lado salvaje de Vincent lo llevó a comisaria durante una de sus primeras giras junto a la banda de Johnny Burnette, lo que supuso un escándalo en la pacata prensa musical de la época y propició que las estrellas más aclamadas, al tiempo que más blandas, como Pat Boone o Andy Williams, se negaran a compartir cartel con él. Esa enérgica rebeldía la desplegaba también en sus actuaciones en directo, con su imagen de delincuente callejero, enfundado en cuero negro, y casi estático a causa de su pierna destrozada, que le convertiría en el ídolo de los rockers más duros. Vincent también se convirtió en una de las primeras estrellas de rock en aparecer en una película, *The Girl Can't Help It* en 1956 y repitió en 1958 con *Hot Rod Gang*. Sus conciertos se llenaban cada vez más, aunque a veces sus discos no fuesen el éxito comercial que se preveía, como sus primeros singles, «Race With The Devil» y «Blue Jean Cop» en 1956, y «Crazy Legs» y «Five Days» en 1957. Ese año logró subir al decimotercer puesto de las listas con «Lotta Lovin», un tema que se convirtió en su último éxito de ventas y en el que se nota la influencia del nuevo guitarrista Russell Williford, que iniciaría una serie de entradas y salidas de músicos en The Blue Caps para acabar disolviéndose en 1958.

Un año más tarde, Vincent viaja a Inglaterra por primera vez para realizar una gira en la que se ganará el cariño y el respeto de los rockers británicos, en ocasiones más militantes que sus primos del otro lado del Atlántico. Viendo que le iba mejor que en casa, llamó a su amigo Edie Cochran para que se incorporase a su gira, que se interrumpió bruscamente cuando ambos tuvieron un accidente cuando viajaban en un taxi. Cochran falleció y se convirtió en una leyenda y Vincent agravó el estado de su pierna y de su equilibrio mental. A pesar de que seguía produciendo sencillos repletos de rock 'n' roll como «Say Mama», «I Got A Baby» y «Baby Blue» en 1958, «Wild Cat» y «My Heart» en 1959 o «She She Little Sheila» en 1961, a partir de principios de los sesenta comenzó a entrar en declive depresivo, cada vez con más problemas con el alcohol y cada vez más violento, hasta que acabó por refugiarse en casa de sus padres donde acabó reventando de una borrachera. El Hamlet del Rock and Roll, El Hombre Gato, el Príncipe Negro, apodos por los que fue conocido a lo largo de su vida, fallecía en un hospital de California donde había sido ingresado con una perforación de estómago. Tenía solo treinta y seis años.

W

★

The Wanderers

Voces de Harlem

1953 - 1965
Nueva York

En 1952, un grupo de chavales de Harlem forma un conjunto vocal, The Barons. Ganan un concurso de jóvenes talentos en el Teatro Apollo y captan la atención de los ojeadores de Savoy Records, donde en 1953 se convierten en The Wanderers y graban su primer sencillo, «Hey Mae Ethel», un rhythm & blues con un fuerte respaldo instrumental con el que consiguen la suficiente notoriedad como para actuar regularmente en los clubs de Harlem y registrar otro single «We Could Find Happines», un balada al estilo Broadway que les permite realizar algunas giras con artistas como Ella Fitzgerald o Dolly Cooper. En 1954 se marchan a Decca Records, donde se reconvierten en The Singing Wanderers y graban un par de singles, «Say Hey Willie May» y «Three Roses», que no tuvieron una acogida entusiasta. En 1956 participaron en la película *Rockin' the Blues* y ficharon por Atlantic Records para recuperar su nombre original, dar un giro a su música y lanzarse en brazos del doo-wop más juvenil, como el «A Teenage Quarrel», editado por el sello Orbit. Pero las ventas no cuajan y comienzan a peregrinar por varias discográficas registrando temas como «Thinking Of You», con Onix Records en 1957, o «There Is Not Greater Love», con MGM en 1962, cada vez más alejados del doo-wop o algo remotamente parecido. En 1965, el grupo se disuelve tras la muerte del cantante solista, Ray Pollard.

★

Joey Welz

En la estela de Halley

Joseph Welzanz
17 de marzo de 1940
Baltimore, Maryland

Rockabilly precoz y vocacional, era hijo de un policía y una pianista que le enseñó todo lo que sabía, una herencia que Joey aplicó al piano boogie, en el que usaba la mano izquierda para suplir al contrabajo del que carecía su banda, The Jay Rockers, con la que en 1955 editó un single para el sello Hydra, «Jitterbug Rock«», que le permitió compartir escenario con Bill Halley & His Comets cuando les hicieron de teloneros. En 1957, Welz monta una nueva banda, The Rock-A-Billies, mostrando un estilo que recordaba mucho al de Jerry Lee Lewis y causaba sensación entre los rockeros de la ciudad. Decidido a triunfar como fuera se montó su propia discográfica, Bat Records, y se autoprodujo algunos rabiosos rockabillys como «Boppin the Stroll Again», en 1957. El servicio militar se lo llevo a Alemania como ingeniero de sonido y allí se volvió a encontrar con Bill Halley, al que el pianista había dejado colgado en plena gira por Europa. Joey le sustituye primero temporalmente y luego, ya licenciado, vuelve a tocar con ellos de forma más o menos continuada, mientras sigue grabando su propios singles, como «The Whistling Man's Boogie» o «Hey Rattlesnake». A finales de los sesenta comenzó a derivar cada vez más lejos del rock 'n' roll, aunque montó una banda tributo llamada The Comets Revival y, a la muerte de Bill Halley en 1981, grabó un single de homenaje, «Bring Back the Music». A finales de los ochenta se dedicó sobre todo al negocio musical y siguió viviendo de los réditos de su antigua colaboración con el pionero del rock, grabando sin parar versiones del «Rock Around the Clock».

★

Chuck Willis

El rey del stroll

Harold Willis
31 de enero de 1928 - 10 de abril de 1958
Atlanta, Georgia

Comenzó cantando blues, evolucionó al ryhthm & blues y tras el inevitable concurso de jóvenes talentos, fue descubierto por Zenas Sears, un disck jockey local que se convirtió en su mánager y le consiguió un contrato con el sello Columbia, donde en 1952 grabó su primer single para la filial Okeh Records, «My Story» que llega al número dos de las listas de rhythm & blues. En los años siguientes coloca tres temas entre los cuatro primeros puestos del *Billboard*: «Going to the River» en 1953, «You're Still My Baby» en 1954 y «It's Too Late» en 1956.

Un año después llega al número uno con CC Rider, un blues completamente evolucionado hacia el rock and roll, editado con la discográfica Atlantic. Pero fue su siguiente single, «Betty and Dupree», el que le hizo entrar por la puerta grande del rock and roll, con un ritmo cadencioso con

saxos muy marcados, entre la balada y el rock acelerado, que dio lugar al nacimiento de un nuevo baile, el stroll, que gozó de una inmediata popularidad entre la comunidad rocker.

Visto lo bien que le funcionaba ese estilo, lo siguió perfeccionando en «What Am I Living» y «For Keep A-Driving», dos temas grabados en 1958, el mismo año que su rock and roll «Hang Up My Rock & Roll Shoes», una joya que dejó como despedida, al fallecer a los treinta años, cuando estaba en la cúspide de su carrera.

★

3. Las claves del género

La radio, la televisión, los festivales, las discográficas y las revistas no solo fueron fundamentales para la eclosión y el crecimiento del rock 'n' roll, sino que fueron los culpables de su nacimiento y lo convirtieron, además de en un fenómeno cultural de masas, en un negocio millonario que cimentó buena parte de la industria del ocio que conocemos hoy día. Estas son las claves indispensables para entender el desarrollo del género.

American Bandstand

Este show musical, estrenado en 1952 y dirigido a jóvenes y adolescentes, programaba actuaciones de los artistas mejor colocados en las listas de ventas con público en directo que bailaba y era entrevistado durante el concierto televisado en directo por sesenta y siete emisoras para veinte millones de personas. Dick Clark, su director y presentador a partir de 1956, se convirtió en una de las figuras más importantes del negocio musical y el programa sirvió de inspiración para famosos programas musicales posteriores como *Top of the Pops* y *Soul Train*. Richard Wagstaff Clark, que tal era su verdadero nombre, era un neoyorquino del Bronx. Fue tan popular en los primeros años del auge del rock 'n' roll como vilipendiado en los días de su declive, del que muchos le han considerado responsable, aunque sólo fuera por adaptarse a las nuevas modas musicales. Salió bastante bien librado del escándalo Payola y acabó sus días en California convertido en un magnate de los medios de comunicación.

Atlantic Records

Creada en Los Angeles en 1947 por el cazatalentos Herb Abramson y por Ahmet Etegün, capitalista y ojeador de artistas a la par. El mejor hallazgo de ambos fue la pareja de compositores Leiber & Stoller, responsables de buena parte de los grandes éxitos del rock & roll y la música negra en todas sus variantes y estilos. Comenzaron grabando a los bluesmen originales como Leadbelly o Big Joe Turner, y acabaron editando a estrellas del rhythm & blues y el rock 'n' roll como Clyde McPhatte, Bobby Darin, Bill Haley & His Comets, por citar sólo una mínima parte. Tras un proceso de absorciones de pequeñas compañías, se convirtió en una de las principales plataformas discográficas del soul, el rock y el pop, de Aretha Franklin a Roberta Flack, pasado por Led Zeppelin. Quizá su única laguna sea haber pujado demasiado poco por Elvis Presley y dejar que se lo llevara RCA.

Big D. Jamboree

El programa de la emisora KRLD, de Dallas, comenzó a emitir en 1946 dedicado al hillbilly, pero a comienzos de los cincuenta empezó a programar conciertos de rock & roll en directo por los que pasaron Elvis Presley, Buddy Holly, Johnny Cash o Willie Nelson. El presentador era Ed McLemore y tuvo tanto éxito que en 1957 se rodó una película, *Jamboree*, en la que intervinieron grandes figuras de rock como Jerry Lee Lewis, Carl Perkins, Frankie Avalon, Fats Domino y Buddy Knox. Tras comenzar a decaer a principios de los sesenta, fue cancelado en 1970.

Billboard

Desde hace más de sesenta años es el referente mundial para registrar la popularidad musical. La revista fue fundada por William H. Donaldson y James Hennegan en 1894 con el nombre de *Billboard Advertising*. En sus primeros años informaba sobre espectáculos circenses, ferias, festivales y espectáculos de todo tipo y condición. A medida que fue incorporando más temas y la industria musical fue acaparando más espacio, los discos fueron cobrando cada vez más protagonismo hasta que, en los años 50, el resto de los temas fueron desplazados a una revista aparte. El primer ranking de canciones fue publicado en 1936 y el primer listado de popularidad musical en 1940. En 1948, el periodista y productor Jerry Wexler decidió usar el término *rhythm & blues* para sustituir a la etiqueta *race records*, el nombre usado hasta entonces para definir los discos grabados por músicos negros. Acababa de nacer un nuevo género que revolucionaría el futuro de la música. En 1958 hizo por primera vez una combinación entre los discos más vendidos y los más pinchados en las emisoras de radio y creó su famoso «Hot 100». En 1961 fue rebautizada como *Billboard Music Week*.

Cameo Parkway Records

Esta discográfica fue el fruto de la fusión de Cameo y Parkway Records en 1967. La empresa matriz era Cameo, fundada en Filadelfia por Bernie Lowe y Kal Mann, los autores del tema popularizado por Elvis, «Teddy Bear», y Parkway fue una subsidiaria durante los primeros años. Su época de esplendor llegó a finales de los cincuenta y primeros sesenta, cuando se convirtió en un sello prácticamente especializado en música de baile, gracias fundamentalmente a dos de sus estrellas, Chubby Checker y Bobby Rydell, que pusieron de moda el twist, el limbo rock o el wah-watusi.

Chancellor Records

Este sello fue fundado en 1957 en Filadelfia por Bob Marcucci y Pedro DeAngelis que se especializaron el descubrimiento y explotación de ídolos para las adolescentes, como Frankie Avalon o Fabián Forte, las dos grandes estrellas de la compañía y de la música *teenager* en general. De hecho, la vida del compositor y cazatalentos Bob Marcucci fue la base de la película *The Idolmaker* (*El fabricante de ídolos*), en 1980.

Chess Records

Fundada en 1947 por los hermanos Leonard y Phil Chess, esta discográfica fue la clave fundamental en la difusión y modernización del blues y la música afroamericana en general. Por sus estudios pasaron los más grandes del blues: Muddy Waters, Willie Dixon o Wowlin' Wolf. Pero también Bo Didley, Chuk Berry o Ike Turner, todos ellos padres fundadores del rock and roll. En los sesenta orientaron el negocio hacia el rhythm & blues y el soul, con estrellas como Etta James, y en 1969 los hermanos Chess se deshicieron del sello, vendiéndolo a la General Recorded Tape.

Decca Records

La compañía Decca comenzó fabricando gramófonos en la Inglaterra de 1914 y se convirtió en discográfica en 1929. Cinco años después abría su sucursal norteamericana que pronto superó a la casa madre gracias a un catálogo de artistas entre los que figuran Louis Amstrong, Bing Crosby o Jimmie Dorsey. En sus estudios se grabó el «Rock Around the Clok» de Bill Haley y por ellos pasaron Jerry Lee Lewis, Conway Twitty o Brenda Lee y, a finales de los cincuenta, publicó la discografía de Elvis Presley en Inglaterra con el sello RCA. Aunque dejó escapar a The Beatles, consiguió grabar a The Rolling Stones. A partir de los setenta entró en una imparable decadencia.

Grand Ole Opry

Es el más prestigioso y veterano de los programas de radio dedicados a la música country. Creado en 1925 por George D. Hay, era en realidad un concierto televisado y en los cincuenta fue la primera oportunidad para muchos pioneros del rock, aunque algunos, como el propio Elvis Presley, fueron acogidos más bien con indiferencia por un público bastante purista.

Hi Records

Nació en Memphis en 1957 como una iniciativa del cantante Ray Harris y durante sus veinte años de vida pasó de ser una pieza clave en la difusión del primer rockabilly, con músicos como The Bill Black Combo o Carl McVoy, a convertirse en un referente del Memphis Soul con artistas como Al Green u Otis Clay.

King Records

Sydney Nathan fundó esta discográfica en 1943 en Cincinnati para grabar música hillbilly, con estrellas como Wayney Raney, uno de los pioneros del rockabilly, pero pronto comenzó a dedicarse primero al rhythm & blues, luego al rock and roll y finalmente al soul. Por su estudios pasaron Hank Ballard, Johnny *Guitar* Watson, Nina Simone o James Brown, entre otros. En 1970 la compañía fue a parar a manos de los compositores Leiber & Stoller.

Louisiana Hayride

Comenzó a emitir en 1948 en Shreveport, Louisiana, y en los primeros años cincuenta se convirtió en el referente de la música country y hillbilly, sólo por detrás del Grand Ole Opry. Fue el escenario de la primera aparición de Elvis en televisión, pero fue precisamente la explosión del rock and roll lo que generó su declive. El programa se acabó en 1960, pero las giras y conciertos que se hacían con la misma marca, y en las que se curtieron muchos jóvenes rockeros, continuaron a lo largo de los años sesenta.

Ozark Jubilee

En este programa de country de la cadena de televisión ABC debutó Carl Perkins poniendo inmediatamente de moda su «Blue Suede Shoes». Desde 1955, programó a los mejores músicos de country bajo la dirección de Red Foley, una leyenda del género, y acabó lanzando a las nuevas estrellas del rockabilly. Por sus estudios pasaron nombres como Brenda Lee, Johnny Cash o Wanda Jackson, entre otros muchos.

Payola

'Pay to play', pagar por emitir. Esa era la base de este escándalo que sacudió la industria musical norteamericana en noviembre de 1959, cuando el Senado de los Estados Unidos abrió una investigación por las numerosas acusaciones de fraude y extorsión hacia los disc jockeys y programadores de las emisoras de radio y cadenas de televisión más importantes. Las cantidades que se manejaban siempre han sido motivo de especulación, pero hubo disc jockeys que reconocieron haber cobrado más de veinte mil dólares por programar una canción en detrimento de otras. Eso fue posible porque con la aparición del rock and roll se produjo un brutal aumento de las ventas de discos y se creó una industria millonaria y casi sin regularizar. Las caras más conocidas del negocio del espectáculo, Dick Clark y Alan Freed, fueron llamados a declarar. El primero salió bastante bien parado, pero para Freed, el hombre que había bautizado el rock 'n' roll, fue la ruina de su carrera. Y así pasó a la historia una palabra que ha acabado convertida en sinónimo de soborno comercial y que, en mayor o menor medida, venía utilizándose desde los años veinte.

Rock 'n' Roll Party

Fue en este programa creado en 1951 como *Moondog's Rock'n'Roll Party* por Alan Freed donde este locutor utilizó por primera vez la palabra rock and roll para definir al nuevo género musical. Freed se convirtió en el primer amo absoluto de lo que algunos calificaron como el circo del rock. En 1954, el programa pasó a llamarse sólo *Rock 'n' Roll Party* y se convirtió además en un espectáculo itinerante en el que actuaron las primeras estrellas del rock y la inmensa mayoría de los que aspiraron a serlo. De hecho, el espectáculo montado en 1952 en el Cleveland Arena está considerado como el primer concierto de rock and roll. El propio Freed se convirtió en una estrella que aparecía en películas como *Rock Around the Clock*, *Go, Johnny Go!* o *Rock, Rock, Rock*, pero cuando estaba en la cúspide tuvo que hacer frente a las acusaciones de corrupción y soborno en el escándalo Payola y su carrera fue cayendo en picado hasta morir casi en la ruina.

Sun Records

La discográfica que a día de hoy todavía exhibe su slogan 'Where Rock & Roll Was Born' (Donde nació el rock & roll) fue fundada en Memphis en 1952 por Sam Phillips. Concebida para grabar discos de blues, country y rhythm & blues, fue el principal laboratorio en el que fermentó el sonido que acabaría siendo bautizado como rock 'n' roll y allí se grabaron la mayoría de sus mitos. Que en sus estudios hayan debutado Elvis Presley, Johnny Cash, Jerry Lee Lewis, Carl Perkins, Billy Lee Riley o Roy Orbison da una idea exacta de cuál es su importancia en la historia del rock and roll, que se complementa con su aportación al blues, rhythm & blues y soul con artistas como BB King, Rufus Thomas o Ike & Tina Turner. Todavía hoy, una foto del Cuarteto del Millón de Dólares (Elvis, Cash, Perkins y Lewis) decora la pared de la cafetería de la discográfica, convertida en museo y reclamo turístico.

★

4. Rock y rockabilly en español

El amigo americano

Al contrario que otros géneros de la música popular nacidos en los Estados Unidos, como el blues, el jazz, el rhtyhm & blues o el soul, el rock and roll en español nace prácticamente al mismo tiempo que en inglés, porque nace también en los Estados Unidos. Además del legendario Ritchie Valens, que grabó «La Bamba » sólo cuatro años después de que Elvis grabase «That's All Right Mama», otros rockeros de la primera oleada era hispanos y usaron el español para hacer rock, como Augie García, una hispano de Minnesotta que en 1955 grabó el que está considerado como el primer disco de rock 'n' roll del estado; Trini López, de Dallas que perdió el título de Elvis Hispano porque se le adelantó Valens; Freddy Fender, también texano de ascendencia mexicana, que en 1957 grabó en castellano «Don't Be Cruel» y «Jamaica Farewell»; o Chan Romero, un mestizo de Montana que acabó prácticamente adoptado por la madre de Ritchie Valens. Todos ellos, y unos cuantos más, formaron la avanzadilla hispana en la propia cuna del rock 'n' roll, pero además, Bill Haley, el hombre que oficialmente dio el pistoletazo de salida al género con su «Rock Around the Clock», se instaló en México en 1961, cuando su carrera empezaba a declinar en Estados Unidos, para grabar dos twist en castellano que le harían enormemente popular al sur del río Bravo, donde durante su estancia de un par de años grabó varios discos en castellano, de los más variados géneros. Entre 1958 y 1961 Haley actuó en Argentina, Chile y Colombia, donde dejó el germen de nuevo estilo musical. Pero por su cercanía a los Estados Unidos, México fue el país donde antes y con más fuerza arraigó el rock 'n' roll y de ahí se extendió de forma vertiginosa por el resto de Latinoamérica.

En el caso de España, en la época de eclosión del rock and roll la situación política no estaba para demasiadas aperturas a nuevas influencias culturales, especialmente si éstas traían implícita una elevada dosis de inconformismo. La dictadura del general Franco intenta salir de su aislamiento internacional y hace esfuerzos para que su anticomunismo feroz sea apreciado y valorado por los Estados Unidos. Fruto de esos esfuerzos es la instalación en suelo español de bases militares norteamericanas en Torrejón de Ardoz, Zaragoza, Rota y Morón de la Frontera. Esas bases serán una de las principales entradas del rock 'n' roll en nuestro país. La otra será un fenómeno que todavía no es masivo, pero que con el paso de los años se convertirá en el negocio nacional: el turismo. Serán las mochilas de los soldados y las maletas de los viajeros europeos las que traerán los nuevos aires musicales a nuestro país, aparte de algún afortunado que tiene la suerte de tener un pasaporte y dinero en una época en la que casi nadie, y menos si es joven, tiene ni lo uno ni lo otro. Pero es un proceso lento y que llega con retraso.

Hay que tener en cuenta que en 1954, el año en que Haley y Elvis graban sus primeros temas, en España la canción del verano es el «Adiós a España» de Antonio Molina y que *Blackboard Jungle*, la película que en 1955 dio a conocer el rock 'n' roll en todo el mundo, no sólo fue retitulada con toda intención *Semilla de maldad*, sino que además fue estrenada en 1963, ocho años después que en el resto del mundo occidental. En España el destape del rock lo trajo una película de Elvis, *King Creole*, que se estrenó en 1959, al año siguiente de su estreno en Estados Unidos.

A pesar de la censura y la indiferencia inicial con que el fenómeno fue acogido por los medios de comunicación, un reducido grupo de músicos, aficionados y disc jockeys lograron abrirse camino y colocar los cimientos del rock español. En los últimos años cincuenta surgieron las primeras revistas dedicadas a lo que entonces se llamaba 'música moderna', como Discofília, aunque la eclosión de revistas, programas de radio y televisión se produjo a mediados de los años sesenta, bajo la influencia del rock y el pop británicos.

En la difusión del primer rock and roll también contribuyó lo suyo la influencia de países como Italia y Francia, donde la industria musical era mucho más potente y la mecha del rock 'n' roll prendió un poco antes, y la llegada de grupos latinoamericanos que se habían adelantado en el descubrimiento, como los cubanos Los Llopis o los mexicanos Teen Tops. Fueron los amigos americanos, del norte y del sur, los que sembraron la semilla que germinaría definitivamente bajo la influencia de los grupos ingleses.

Hubo que esperar a los ochenta para que surgiese un movimiento rocker con verdadera entidad y que en buena medida sigue completamente activo.

★

Los Black Jeans

Fundados en 1956 por los hermanos Diego y Francisco Gonzáles, Adrián Cañedo y el cantante norteamericano Roy Walkup, realizaron la primera grabación de un grupo mexicano de rock and roll, interpretando versiones de artistas norteamericanos y lograron notoriedad en los ambientes universitarios. Pero su primer disco oficial, grabado en 1958, contiene dos temas en español y de raíz profundamente mexicana: «La Batalla de Jericó» y «La Cucaracha» en una inocente versión rock. Tras varias altas y bajas en la formación, se convierten en Los Camisas Negras, que en 1956 grabaron un único LP con versiones de clásicos del rock 'n' roll pasados al castellano como «Ahora o nunca» (Its Now or Never, de Elvis), «Que noche pasé» (C'mon Everybody, de Eddie Cochran) o el inevitable «Zapatos de ante azul», de Carl Perkins.

★

Los Millonarios del Jazz

Perú fue uno de los primeros países de habla hispana en subirse el carro del rock, aunque con una banda que cantaba en inglés, los Millonarios del Jazz, que en 1957 graban sus primeros temas «Rock With Us» y «San Louis Rock». La banda fue fundada por Pat Reid, un batería irlandés residente en Lima, al que acompañan Elías Ponce a la guitarra, Pepe Morelli al piano, Jorge Mirkin al saxo y clarinete y Guillermo Vergara al contrabajo. Fueron los responsables de la precoz afición al rock en el país andino y están considerados como la primera banda latinoamericana que grabó un disco de rock 'n' roll.

★

Las 4 y T

Yolanda Martínez, Rosa María Yogus Villaseñor, Yolanda Rodríguez, Yolanda Guadalupe, Martha Agüero y Yolanda Espinosa fueron unas osadas adelantadas a su tiempo a pesar de su imagen de chicas de clase bien del México de finales de los años cincuenta, en los que un grupo de chicas tocando solas rock and roll era bastante más escandaloso de lo que pudiera parecer. En 1959 grabaron un disco sencillo con las canciones «Hey muchacho» y «Tienes que volver», tras el que Martha forma las Mary Jets. Esta banda, formada también por seis chicas, grabaron entre 1960 y 1961 unos cuantos temas arrimados al pop blando, con títulos como «Una dulce chica anticuada» «Dulces tonterías» o «El ratón», que no desmerecen su papel como pioneras del rock en español.

★

Eddie Pequenino

Pequenino era un consolidado músico de jazz de la escena bonaerense cuando en 1956 formó Mr. Roll & The Rockers, que grabaron un disco en que interpretaban los temas que llegaban desde Estados Unidos, pero también composiciones propias que forman parte del primer rock argentino.

En 1957 la banda participa en la primera película de rock and roll en español, *Venga a bailar el rock*, y al año siguiente fueron los encargados de telonear al pionero del rock Bill Haley, durante su visita a Buenos Aires. Aunque la banda siguió en activo, Pequenino se dedicó cada vez más a la televisión, donde acabó cuajando una importante carrera como presentador y humorista.

★

Los Llopis

En la Cuba precastrista, con el país convertido en un parque de diversiones de los norteamericanos, el rock 'n' roll se extendió desde el mismo momento de su aparición. Los hermanos Llopis, Manuel (Ñolo) y Francisco, emigraron a Estados Unidos, donde conocieron el rock desde sus orígenes. Francisco aprendió a tocar la steel guitar y cuando volvieron crearon un estilo rocker con evidente influencia del ritmo caribeño. Comenzaron en 1957 tocando en salas de fiestas, mezclando el rock and roll entre cumbias, sones y boleros. Con la incorporación de Manolo Vega a la voz y Leo Torres al saxo, se convierten en Los Llopis, la primera banda cubana de rock and roll. En 1958 grabaron su primer álbum, un compendio de versiones de los pioneros del rock, traducidas al castellano como «No seas cruel» y «Al compás del reloj», por poner un ejemplo evidente. Fueron muy populares en su país y residieron una temporada en España, donde contribuyeron a difundir el primitivo rock and roll.

★

Los Locos del Ritmo

En 1958, un grupo llamado Pepe y sus Locos del Ritmo ganan un concurso de la televisión mexicana y se van a Estados Unidos para participar en otro en el que quedan en segundo lugar. A su regreso acortan el nombre en Los Locos del Ritmo y en diciembre de ese año graban *Rock con los Lo-*

cos del Ritmo, un álbum de versiones de rocks clásicos en inglés y composiciones propias en castellano que les convierte en los pioneros del rock mexicano y les coloca en la disputa del primer puesto en las grabaciones en Latinoamérica, con la precisión de que el disco tardó casi un año en salir al mercado y para entonces ya se les habían adelantado otros grupos. Tras grabar un nuevo LP, *Los locos del Ritmo*, y varios EP con más versiones y temas propios de rock 'n' roll, twist e incluso pseudo folclore, en 194 la banda pasa a llamarse Los Locos y siguen los derroteros marcados por la moda musical de cada momento.

★

Los Estudiantes

En 1955 un dúo integrado por Pepe Barranco y José Alberto Gosálvez tocaron en una universidad usando por primera vez una guitarra eléctrica que les había prestado un amigo, Rafael Aracil, que no sabía tocarla. Aquella noche Pepe tocó entusiasmado a Carl Perkins y Chuck Berry y decidió enseñarle a tocar a Rafael, que se unió al grupo poco antes de que lo hicieran Adolfo Abril y su contrabajo. Tras una serie de cambios en la formación y con la entrada de José Luis Palacios y de Fernando y Luis Arbez en 1959, Los Estudiantes graban su primer disco, un EP significativamente titulado *El Rock and Roll de Los Estudiantes*, con versiones de los clásicos «Ready Teddy», popularizado por Elvis, y «La Bamba» de Ritchie Valens, convirtiéndose en pioneros del rock and roll español. Tras un siguiente EP que incluía dos temas propios, «Colette» y «Una estrella fugaz», graban sus últimos temas, tres instrumentales de Fernando Arbex. En 1964, tras los fallecimientos de Luis Arbex en la mili y Luis Sartorius en accidente de coche, el grupo se disuelve.

Los Impala

Rafael Montero, Henry Prado, Gilberto Urdaneta y Servando Alzatti se convirtieron en los pioneros del rock and roll venezolano cuando montaron Los Impala en Maracaibo, allá por 1957. En el verano de 1958, su popularidad se dispara gracias a sus intervenciones semanales en el programa de televisión *El Club del Rock & Roll*. Aunque en sus inicios tocaban versiones clásicas de rock 'n' roll, pronto se pasaron al sonido soul y pop. En 1966 viajan a España, donde cosechan un éxito considerable y realizan una gira por el resto de Europa. A finales de los sesenta regresaron a Venezuela, pero sus días de triunfo habían quedado atrás y, tras un último concierto en Caracas, se retiran en 1970.

Blue Kings

El alma de estos pioneros del rock uruguayo fue Eduardo Franco, cantante y compositor del grupo que fue «Blue Kings Twist» y que en 1963 tuvieron su primer éxito con «Retén la noche», una versión del tema de Johnny Hallyday, «Reteins la nuit». En 1964 lanzan un sencillo con «A Saint Tropez», un twist que consigue que su fama llegue a Buenos Aires, donde el cantante Palito Ortega los reclama y donde se convierten en Los Iracundos, radicalizando su imagen y su música. Tras grabar algunos sólidos rocks como las versiones «Lucila» y «El rock de la cárcel» o el éxito de composición propia «Despierta Lorenzo», a finales de los sesenta habían derivado totalmente hacia la canción romántica.

Los Rebeldes del Rock

Waldo, Guillermo Américo y Marco Polo Tena eran tres hermanos mexicanos que en 1957 montaron una banda llamada Los Reyes del Rock, a la que incorporan un cantante, Toño de la Villa, que les acaba abandonando para montar su propia banda, Los Locos del Ritmo, siendo sustituido por Sammy Fournier primero y Johnny Laboriel poco después. Ya convertidos en Los Rebeldes del Rock en 1959 graban su primer single, «La hiedra venenosa», una versión del «Poison Ivy» de The Coasters, hoy oficialmente considerado como el primer rock and roll publicado en castellano, que se convirtió en un éxito absoluto en todo Hispanoamérica. En 1960 sale su primer álbum, con un excelente acogida, pero tras otros tres en los que derivan cada vez más hacia la música comercial, con temas como «Siluetas» o «La chica del calendario», la discográfica decide lanzar en solitario a Laboriel, el cantante, y los demás optan por separarse.

Los Cuatro del Plata

Osvaldo Etchart, Héctor Cañete, Edgar Osvaldo Grau y Martín Tito comenzaron en 1958 tocando rock and roll en Buenos Aires a finales de los cincuenta y tras una primera disolución, que llevó a parte del grupo a Europa para trabajar con Adriano Celentano, se reunieron de nuevo en España en 1962.

Allí se volcaron en el twist y la llamada música ligera. Tras una serie de desgraciados avatares, a partir de mediados de los sesenta desaparecen de primera línea del negocio musical, cuando hacía ya tiempo que estaban en las antípodas del rock and roll.

El Dúo Dinámico

Comenzaron cantando en una cena navideña de empresa y siguen haciéndolo después de 50 años y millones de discos vendidos. Manuel de la Calva y Ramón Arcusa querían llamarse The Dynamic Boys, pero la primera vez que actuaron en Radio Barcelona, el presentador, en un ejercicio de alergia al inglés, decidió presentarlos como el Dúo Dinámico y con el nombre se quedaron. Tenían buena voz, imagen de buenos chicos y cantaban una imitación del high school americano sin estridencias, así que se convirtieron en los ídolos de la juventud con las bendiciones de la radio y televisión de entonces, que no estaban para rupturas ni escándalos. En 1959 sacaron un EP con cuatro canciones que iban del calipso rock de «Little Darling» al doo-wop acerado de «Recordándote». Su primer éxito propio es «Quince años tiene mi amor», un tema con el que arrasan entre las jovencitas pero que, por extraño que parezca, escandaliza a sus conservadores padres. Aunque siguen haciendo versiones de temas de rock and roll como «Surreder» de Elvis Presley y se apuntaron a la moda bailable con canciones como «Bailando el Twist» sus éxitos fueron cada vez más hacia el pop cantado en castellano, del que han vivido durante cinco décadas a base de temas como «Quisiera ser», «Perdóname» o «Resistiré».

Los Teen Tops

Henrique Guzmán, Jorge Heredia, Jesús Martínez, Segio Martell, Armando Martínez y Rogelio Tenorio comenzaron cantando en inglés en el México

DF de finales de los cincuenta, e imitando a sus ídolos del norte, Jerry Lee Lewis y Chuck Berry, en reuniones de amigos y fiestas escolares. Pero en 1960 grabaron un single de puro rock and roll, con «Good Golly Miss Molly», convertido en «La Plaga», por un lado y «Jailhouse Rock», traducido en «El rock de la cárcel», por el otro, que los ubicaban como los pioneros más influyentes del género en el mundo de habla hispana, incluido nuestro país. Su primer LP, editado ese mismo año, contenía versiones pasadas al castellano de canciones de Jerry Lee Lewis, «High School Confidential» (Confidente de secundaria), de Elvis Presley, «King Creole» (Rey criollo), Little Richard, «Long Tall Sally» (Larguirucha Sally) o su famoso «Presumida», el «High Class Baby», de Cliff Richard. En su siguiente álbum, grabado en 1961, amplían el repertorio con temas de Chuk Berry, Johnny and The Hurricanes o Neil Sedaka, y en el tercer LP incluyen a Carl Perkins, Fast Domino y Ray Charles, entre otros. A partir de ese momento comienzan a inclinarse hacia el soul para acabar en el pop comercial.

★

Lone Star

En 1959, Pedro Gené, un jovencísimo pianista barcelonés, regresa de Londres —donde había vivido la eclosión del rock and roll— y decide montar una banda con tres compañeros del conservatorio: Rafael de la Vega, Enrique Fusté y Enrique López. Tras los primeros conciertos en locales de la Ciudad Condal, se les une un guitarrista holandés, Willy Nab, y en 1961 graban su primer EP, que incluye «My Babe», una versión de un viejo blues de Little Walter, al que Gené era muy aficionado.

El tema, igual que el resto del disco, estaba cantado en inglés, pero dos años después deciden traducir al castellano la canción de The Animals «The House of the Rising Sun», y su «Casa del sol naciente» se convierte en un éxito millonario tanto en España como en Latinoamérica. En 1964 comparten escenario en Barcelona con los propios The Animals y tras una serie de EPs repletos de versiones de éstos y The Rolling Stones, en 1966 graban

su primer álbum, *Lone Star*, y en 1967 el segundo, *Un conjunto de antología*, donde ya incluyen un buen número de temas propios que anuncian los futuros derroteros de la banda.

Pero en su siguiente álbum regresan a las versiones, esta vez de estricto rock 'n' roll, como «Lucille», «Hello Josephine» o «Long Tall Sally». En 1968 lanzan «Mi calle», su tema más famoso, que les llevará a los primeros puestos de las listas y a realizar conciertos por toda la península y varios países europeos. A partir de entonces comienzan a derivar hacia el hard rock y los coqueteos psicodélicos, para acabar disolviéndose a principios de los ochenta.

★

Black Cats

Los pioneros del rock en Guatemala fueron unos amigos del colegio Juana de Arco, liderados por Otto René Mazariegos, el cantante de la formación, que editaron su primer disco en 1959, una versión del tema «Let's Have a Party», que había popularizado Elvis en su película de dos años antes, *Loving You*.

Tras algunas apariciones en radio y televisión, acabaron desapareciendo para dejar abierta la puerta a grupos como Los Fantasmas, Los Marauders, Los Picapiedras o Los Beatniks, entre otros muchos que conformaron la cantera del rock guatemalteco.

Los Pekenikes

Una de las bandas más importantes del pop español de los sesenta también comenzó haciendo rock 'n' roll por los clubs madrileños a finales de los años cincuenta y, aunque desde sus primeros discos se decantaron por un estilo instrumental muy personal, que lo mismo podía materializarse en la canción popular tradicional «Los cuatro muleros», como en temas de aire californiano como «Apache», quedan para la posteridad sus incursiones en el rock de los cincuenta como su «Chica alborotada», versión de «Thallassee Lassie», su desgarrado «Be-bop-a-lula» o «La Bamba», entre otras.

Tras una vida plagada de éxitos, y por increíble que parezca, algunos de sus miembros todavía siguen tocando.

Los Sirex

Santi Carulla, Guillermo Rodríguez, Antonio Miers y Manolo Madruga eran un grupo de amigos de Barcelona aficionados al rock que en 1960 comienzan a tocar en salas de fiesta para disgusto del padre de Carulla, que le obliga a abandonar, siendo sustituido por Antonio Miquel, 'Leslie', tras el que se incorporarán también Pepe Fonseré y Lluís Gomis.

Su popularidad comenzó a crecer muy rápido por su apuesta por un rock'n'roll sin concesiones, con letras en castellano y una potente puesta en escena. En 1963 graban su primer EP que contiene un genuino blues clásico, «Muchacha bonita» y una acelerada versión del «Jambalaya» de Hank Williams.

En el segundo disco incluyen una versión del «Route 66» de Chuck Berry titulada «San Carlos Club». En su primera etapa son unos rockeros al

uso, pero a partir de su tercer disco comienzan a adentrarse en el sonido soul para acabar encontrado un estilo propio de poprock que les convirtió en unos ídolos nacionales a partir de su gran éxito, «La escoba», al que siguieron «Soy tremendo», «Que se mueran los feos», «Maldigo mi destino» o el rabioso rockabilly «Esto sí me altera el cuerpo», entre otros muchos.

Su momento culmen llegó en 1965, cuando fueron teloneros de The Beatles en su concierto de la Monumental de Barcelona. A pesar de que hace años que cada uno se dedica a sus propios negocios, Los Sirex siguen reuniéndose para tocar en algunas salas de Barcelona.

★

Los Sonor

En el Madrid de los primeros años sesenta, Carlos Guitart, Joe González, José Antonio Otero y Manuel Escobar, montaron un conjunto, como se decía entonces, para hacer rock and roll y doo-wop, en el que Otero, el can-

tante, es relevado por un joven Luis Eduardo Aute justo antes de que participen en el programa de televisión *Salto a la Fama*, cosa que consiguen en parte a pesar de no quedar en el primer puesto.

En 1961 graban «Melodía encadenada», versión del clásico «Unchained Melody», que a pesar de su ridícula tirada les consigue la participación en el Festival de Benidorm, el no va más del pop y la canción melódica de entonces. Tras una errática carrera entre el pop y el kitsch, el grupo se disolvió en 1965.

Johnny Tedesco

Este actor y cantante argentino, un fan de Elvis llamado Alberto Felipe Soria, 'Tito', tiene en su palmarés haber grabado, junto a Ray Nolan, el primer rockabilly fuera de los Estados Unidos. Su carrera comenzó en 1961con un single en el que interpretaba «Zapatos de gamuza azul» y «Rock del Tom Tom», un magnífico rockabilly en castellano que se convierte en un éxito inmediato, al que siguen canciones como «Coqueta» y «Hermanita», en línea rock and roll clásico, o directamente versiones castellanizadas de clásicos como «Return to Sender» (Devuelvo tu carta) y algunas astracanadas bailables como «Miss canguro». En 1962 ingresa en el Club del Clan, un programa de televisión en el que actuaban habitualmente futuras figuras de la canción argentina, como Palito Ortega y Violeta Rivas, que también hacían algunos pinitos en el rock. A partir de entonces, enfocó su carrera al cine y la televisión.

★

Tony Ronald

Siegfried Andre Den Boer Krame era un joven marinero holandés que recaló en Barcelona a finales de los años cincuenta e intentó ganarse la vida como cantante acompañado de José Luis Bolivar, con el que montó una réplica del Dúo Dinámico, el Kroner's Dúo, que grabó algunas versiones de Little Richard y Cliff Richard que animaron la exigua parroquia rockera barcelonesa de la época. Más tarde se asoció con su paisano Charley Kurt, uno de los inventores de «La Yenka» y montaron Toni & Charley, profundizando en la línea adolescente. Tras separase, Den Boer se convierte definitivamente en Toni Ronald y en una réplica de los cantantes de high school al estilo Frankie Avalon, con lo que consigue una enorme popularidad. En los setenta derivó abiertamente hacia el pop comercial y tuvo su primer gran éxito en 1971 con «Help!».

★

Los Pantalones Azules

Tino Pemán, Tito, y Víctor Ortiz, dos amigos de Valencia, decidieron emular al Dúo dinámio, llamándose primero los Blue Jeans, y castellanizando después el nombre para ganar un concurso universitario y grabar en 1961 un EP con cuatro canciones, dos de ellas versiones: «Jezabel», de Wayne Shanklin, y «Un poco de azul», el «A Mess Of Blues» de Doc Pomus, y dos temas propios: «Baila, nena» y «Cosa buena». Al año siguiente graban un nuevo EP sólo con versiones: *Johnny, sé bueno* («Johnny B. Good», «Daniela», «Dixieland Rock» y «Hello, Mary Lou»). Aunque consiguieron un éxito local considerable, se separaron después de sólo dos años, convertidos en pioneros valencianos del rock.

★

Bruno Lomas (Los Milos)

Emilio Baldoví Menéndez era un estudiante valenciano de Derecho que decidió abandonarlo todo y convertirse en cantante de rock and roll, algo bastante rompedor en aquellos años sesenta. En la aventura le acompañaban un grupo de amigos, entre los que se encuentra el futuro cantautor Raimon, que se hicieron llamar Los Milos y que para la mayoría de los estudiosos son el primer grupo estrictamente de rock 'n' roll en España. Con versiones de clásicos, como «Zapatos de gamuza azul», «Be Bop a Lula » o «Lucille», graban un primer disco en 1960 y conocen a Johnny Hallyday que les invita a una gira por Francia a la que sólo acude Lomas. A su regreso, surgen disensiones y crea Bruno y sus Rockeros, con el que graban un single con un rock en su cara B, «Sí, sí, nena». En 1965 graban una serie de temas entre los que figuran versiones de Chuck Berry, como «Memphis Tennessee». Pero la productora decide apostar en solitario por Bruno Lomas y lo coloca en el cartel del Festival de Benidorm, comenzando una línea más pegada al pop, que rompería en 1966 con la grabación de *Bruno Lomas canta en directo*, que supone la primera grabación de un disco de rock en directo en España. En 1978 puso punto final a su carrera.

Roberto Carlos

El rey de la canción melódica, el hombre del millón de amigos, también fue un pionero del rock and roll carioca y a mediados de los sesenta fue considerado el Elvis Presley de Brasil. En 1956 grabó, «Susie», una versión del «Splish Splash» de Bobby Darin con un inevitable aire tropical, y «Parei na Contramão», un rock 'n' roll al más puro estilo cincuenta con una letra divertida que se hace tremendamente popular. al que siguen «É proibido fumar» y «O Calhambeque» en 1964, o «Lobo mau» versión de «The Wan-

derer», en 1965, todas ellas con unas letras cargadas de sentido del humor. A mediados de los sesenta comienza a presentar el popular programa juvenil *Joven Guardia* e inicia una nueva etapa musical en la que empieza imitando a The Beatles y que dura hasta hoy con sus canciones románticas de todos conocidas.

★

Miguel Ríos

En 1959, con sólo quince años, ganó un concurso de Radio Granada con una versión del tema «You Are My Destiny», de Paul Anka y un año después se traslada a Madrid donde, tras una etapa de grandes apuros económicos, consiguió en 1962 un contrato con la discográfica Polygram, que lo lanza como 'Mike Ríos, El Rey del Twist'. Su primer EP de cuatro canciones contiene versiones de twist y rock and roll y figura en la casilla de salida del primer rock español. Tras una serie de EP de los que quedan canciones históricas como su versión del «Popotitos» de los mexicanos Teen Tops, acompañado por Los Relámpagos, o «El ritmo de la lluvia», versión del de The Cascades, en 1964 recupera su propio nombre y comienza a componer temas cada vez más inclinados al pop melódico. En 1970 logra un éxito mundial con «Himno de la alegría», su famosa y particular versión de la Novena Sinfonía de Bethoveen. En 1972 regresa al rock 'n' roll con la gira *Conciertos de Rok y*

Amor, que le lleva hasta los puntos más remotos de la península, y produce un LP del mismo nombre, grabado en directo con una mezcla de clásicos como «Tutti Frutti» o canciones melódicas como su «Vuelvo a Granada». Desde entonces ha llevado una carrera que le ha consolidado como la gran figura histórica del rock español, en el que toca, como se suele decir, todos los palos.

★

Micki y los Tonys

Miguel Ángel Carreño, 'Miki', Fernando Argenta, Tony del Corral, Juan Fuster y Enrique Modell, comenzaron a tocar en clubs madrileños como Los Tonys aunque en 1963, cuando grabaron su primer single, se llamaban ya Miki y Los Tonys, dado el protagonismo que había cobrado su cantante, al que apodaban 'El hombre de goma'. El EP contiene versiones de Billy J. Kramer & The Dakotas, como «The Rhythm of the Rain» o «Devil in Disguise», tema popularizado por Elvis. Pero en su siguiente disco comenzaron a grabar temas propios en una onda de pop divertido y sesentero que les llevará a ser teloneros de los Kinks en 1966, y se apartaron de la senda del rock and roll clásico para separarse en el año 1970.

★

Gavy Sander's

Al zaragozano Javier Ezpeleta Oloriz, el sonido del rock and roll le llegó de primera mano desde la cercana base aérea norteamericana. En 1962 comienza a presentarse a concursos radiofónicos y al televisivo *Salto a la fama*, donde llama la atención por su cuidada indumentaria rocker, una *rara avis* en la España de entonces. Se marchó a la Costa Brava, donde las primeras oleadas de turistas demandaban una música algo más moderna que el pasodoble. Allí se convirtió en el rey del twist de las salas de fiestas y tras recorrer también el circuito turístico de Canarias, regresó a su ciudad natal con un disco que le dio gran popularidad local y le convirtió en un pionero.

★

Los Yetis

La ciudad de Medellín fue el escenario en el que comenzó la andadura de esta banda pionera colombiana, que nació como un trío vocal integrado por Juan Nicolás Estela y los hermanos Juancho e Iván Darío López. En 1966 participan en un disco colectivo de varios artistas para la compañía Discos Fuentes y seis meses después la discográfica lanza su primer LP, *Los Yetis*, con una acogida muy favorable. Para las giras promocionales la compañía contrata al bajista norteamericano Norman Smith y el batería Hernan Pabón, que les consolidan como una prometedora banda de rock. Tras un disco de profético título, *Olvídate*, en 1968 se sumergen en el Nadaismo, una extraña corriente filosófica, y entran en un delirio psicodélico previo a la disolución definitiva a finales de la década.

★

Tequila

Antes de convertirse en el icono de masas del rock ochentero, los Tequila comenzaron haciendo rock 'n' roll clásico al estilo de Chuk Berry y temas inspirados en The Rolling Stones.

El germen de la banda fueron Ariel Rot y Alejo Stivel, dos jóvenes argentinos afincados en Madrid con sus familias desde 1976, a los que se unieron Felipe Lipe, Julián Infante y Manolo Iglesias para formar Spoonful Blues Band, que se convierten en Tequila para su primer LP, *Matrícula de honor*, grabado en 1977 y que contiene temas como «Las vías del ferrocarril», con

aire hillbilly, el contundente rock and roll, «Necesito un trago» o su famoso «Rock and roll en la plaza del pueblo».

En 1979 editan su álbum *Rock and Roll*, en que perfilan su propio estilo, al igual que en el siguiente, *Viva Tequila!*, para acabar llegando a la cima de la popularidad con *Confidencial*, que contiene su famosísimo tema «Salta» y que ya está bastante alejado del rock 'n' roll clásico. Tras una vertiginosa carrera de éxitos, se separaron en 1982.

★

Moris

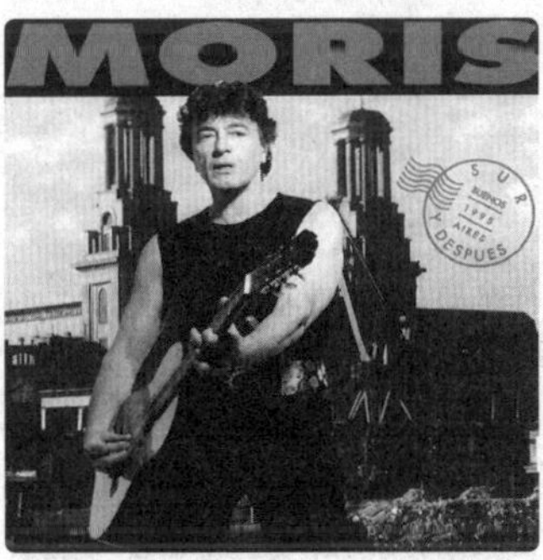

Grabó su primer disco en 1966 en su Buenos Aires natal, un single titulado «Rebelde» con una banda que se llamaba Los Beatniks. Tras un recorrido por diversos estilos musicales, en 1975 emigra a España y se convierte en el referente de los escasos rockers que había entonces en el país. Su imagen de rocker veterano se hizo muy popular en la noche madrileña, hambrienta de novedades. En 1978 graba su primer LP, *Fiebre de vivir*, con temas como el famoso «Sábado a la noche» o los personalísimos «Rock de Europa», «Hoy como ayer» o el energético «Balanceo del rock», que le convierten en una figura destacada en los años previos a la Movida. En 1980 lanza el álbum *Mundo Moderno*, que contiene «Atrapado por el rock 'n' roll», el tema que le lleva al punto más alto de su popularidad. A partir de ahí sigue repitiendo el esquema en sus siguientes discos pero sin llegar nunca al nivel de sus discos anteriores. A finales de los ochenta decide regresar definitivamente a Argentina.

★

Mario Tenia y Los Solitarios

En el Madrid de 1979, Mario Alonso, voz y guitarra, Gerardo Alonso, guitarra, Paco Escámez, voz y saxo, Jesús Pacheco, bajo y Alfonso Morales, batería, deciden montar un banda al estilo de los grupos españoles de los sesenta, especialmente Los Sirex, cuyas coreografías imitaban. En aquellos confusos años de la premovida fuero invitados al concierto de homenaje a Canito, el batería de Tos (más adelante Los Secretos) en el que participó la mayoría de lo que sería la Nueva Ola, y como tal fue transmitido por TVE. Eso les dio la popularidad suficiente para participar en numerosos conciertos y programas de televisión y grabar en 1980 su primer single, «Ejecutivo», que tuvo escasa repercusión y provocó el abandono de Mario Tenia y la disolución de la banda.

★

Los Faraones

En el Madrid de finales de los setenta, donde los grupos que se podían escuchar en directo eran los del definido por Diego Manrique como "rock macarrra", irrumpen un grupo de chavales con tupé que comienzan llamándose Los Choppers para convertirse en Los Faraones a principios de los

ochenta, cuando participan en un concurso de RNE y graban un EP que presentaron en la famosa sala Rock Ola y del que se sabe poco más. Son los años del revival del rockabilly, que coinciden con el baturrillo de la Movida y que les permitirán convertirse en teloneros de muchas de las figuras que visitan Madrid, desde Crazy Cavan a Matchbox, pasando por Sleepy LaBeef. En 1995 graban el disco *Rock'n' Roll en la ciudad*, en 2000 *100% Faraones*, y en 2007 *25 Años de Rock'n'Roll. Directo en La Frontera*. Su últimos disco es *Estamos preparados*, grabado en 2011. Siguen vivos y en plena forma.

Los Rebeldes

Tras un inicial y efímero grupo con Loquillo —Teddy Loquillo y sus Amigos— en 1978, el guitarrista Carlos Segarra junto, a Aurelio Morata al bajo, y Moisés Sorolla a la batería, monta Los Rebeldes, una de las bandas españolas que mejor ha sabido mantener las raíces esenciales del rock 'n' roll. En 1981 lanzan su primer LP, cuyo título se convierte en el eslogan vital de los

rockers españoles: *Cerveza, chicas y rockabilly*. Temas como «El Rock del Hombre Lobo», «Mi pequeña Marilyn», «Eres un Rocker» o «Recuerda», les consolidan como una banda que maneja con soltura todos los registros del rock and roll clásico, lo que se confirma en su siguiente mini LP, *Esto es Rocanrol*, una joya del género en nuestro país, con una inolvidable portada del artista del cómic Miguel Gallardo. En 1986 graban *Rebelde con causa*, Tony Nervio Roto sustituye a Morata al bajo y entra en la banda el saxo de Dani Nel·lo. El grupo consigue un sonido que en los siguientes discos les hará vivir su época dorada. «Mescalina», «Eres Especial» o «Caldonia» se convierten en temas populares para el público general gracias a sus intervenciones en televisión y sus giras por todo el país. En 1987 graban *Preferiblemente vivos* y un año después llegan a la cima de popularidad con «Mediterráneo», un éxito veraniego incluido en el álbum *Más allá del bien y del mal*, que contiene además temas como «Mi generación» o «Bajo la luz de la luna», que gozan de una enorme popularidad. Pero en el cénit de su éxito comienzan los abandonos y los cambios en la formación y sus siguientes discos gozan cada vez de menos éxito comercial, que no de menos calidad, como demuestra el excelente LP *La rosa y la cruz*, grabado en 1993. Los miembros históricos de la banda han ido emprendiendo distintos caminos, entre los que destaca el de Dani Nel·lo y su proyecto Mambo Jambo, una banda de ryhthm & blues instrumental. Carlos Segarra sigue en activo con unos Rebeldes renovados prácticamente a cada ocasión.

★

Loquillo

José María Sanz Beltrán es uno de los más genuinos representantes del rock and roll español. Aunque su carrera inicial parecía encarrilada hacia el baloncesto, en 1978 se sumerge en el rock y forma con Carlos Segarra la banda Teddy Loquillo y Sus Amigos, de la que queda un primer tema propio, «No bailes rock and roll en El Corte Inglés». Tras formar Los Intocables, junto a Sabino Méndez, en 1980 graban su primer álbum, *Los tiempos están cam-*

biando, que consigue un éxito inmediato en los días de la entonces llamada Nueva Ola, gracias a temas como «Rock & Roll Star», «Esto no es Hawai» o «Eres un rocker». Su siguiente disco es el EP, *Autopista*, en 1982, pero será con su segundo álbum, *El ritmo del garage*, grabado con Los Trogloditas de Sabino Méndez en 1983, con el que conseguirán dar la campanada ya sumergidos en el ambiente de la Movida madrileña. El tema que da título al disco, más «Quiero un camión», «No surf», «Pégate a mí» o la genial «Cadillac solitario», se convierten en banda sonora de cabecera para los rockers españoles.

Desde mediados de los ochenta lanzan un disco tras otro con un éxito sostenido y un estilo cada vez más propio que algunos rockers consideran alejado de la pureza del género: *¿Dónde estabas tu en el 77?* en 1984, *La mafia del baile* en 1985, *Mis problemas con las mujeres* en 1987, *Morir en Primavera* en 1988 o *A por ellos...! que son pocos y cobardes* en 1989, el año en el que Sabino abandona la formación y Loquillo emprende un largo camino que le lleva a recorrer los más variados estilos, incluida la poesía musical, sin perder nunca de vista las raíces rockeras que reivindica con toda su energía en su último álbum, *Código Rocker*, acompañado por unos resucitados Nu Niles.

Tennessee

Los reyes del doo-wop o du-duá español grabaron su primer disco en 1985, *Tennessee*, que les hizo muy populares, con apariciones habituales en televisión gracias a sus buenas voces y su música amable en los estridentes días de la Movida. Sus tres siguientes discos, *Hoy estoy pensando en ti*en 1986, *Esto es do-dua-ding-dong*, en 1987 y *Tonto por ti*, en 1988, también fueron un éxito. En ese momento abandonan la discográfica Dial para ser fichados por EMI, que lanza tres nuevos álbumes superventas: *Una noche en Malibú* en 1989, *Llueve en mi corazón*, en 1991 y *Sueños*, en 1992. Pero el grupo está sobrexplotado y abandona la discográfica, lo que supone el inicio de una época de declive que, a pesar de haber seguido grabando algunos álbumes notorios, les ha mantenido apartados de la primera fila, pero no fuera del negocio musical, en el que siguen integrados todos sus componentes. Siguen grabado y actuando en plena forma.

Lobos Negros

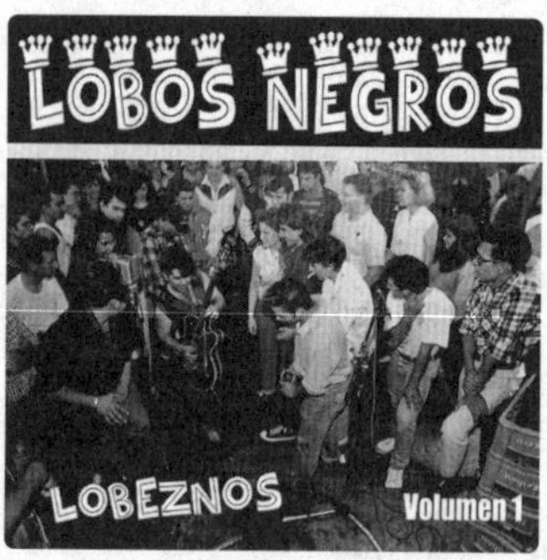

La banda nació en Talavera de la Reina, Toledo, en 1984, año en el que participan en el Concurso de Rock Villa de Madrid con un rockabilly de raíces con aproximaciones al psychobilly con el que logran un discreto resultado. Tras grabar un primer EP de escasa difusión con cuatro canciones que están en el origen del rockabilly español moderno, «Gatos extraños», «Obsesión en el muelle», «Borrachos en la carretera» y «La fuerza del ritmo», en 1985 graban el single «Gatos extraños». Tras una temporada de conciertos por las salas más famosas de los ochenta en Madrid y Barcelona y participar en un par de álbumes colectivos de grupos castellano-manchegos, en 1987 graban su primer LP, *Lobo Rock*, al que siguen en 1989 *100 nervios de acero*, en 1993 el recopilatorio *La fuerza del ritmo* y en 1996 *Instrumentales*, que hace honor a su título. Siguen en activo.

Más Birras

Después de montar su primer grupo de rockabilly, Golden Zippers, en 1984 Mauricio Aznar, junto a Miguel Mata, Víctor Giménez, Mariano Ballesteros y Quino Sanz ponen en marcha en Zaragoza Más Birras, un grupo de rock 'n' roll con incursiones en el blues y el country e incluso algún guiño al folclore de su tierra.

Su primer disco, un mini LP publicado en 1987con el identificativo título de *Al este del Moncayo*, contiene uno de sus temas más famoso, «Apuesta por el rock and roll», compuesta por Gabriel Sopeña, colaborador habitual de Loquillo. En 1988 lanzan otro mini LP *Otra ronda* y tres años después el álbum *La última traición*, que les consolidan como grupo de culto, pero con discretas ventas. Poco después de su último LP, *Tierra quemada*, en 1992, la banda se disuelve y Mauricio se dedica a componer y escribir hasta que muere ocho años después a causa de su adicción a las drogas.

Bulldog

Con el sobrenombre de El Ingeniero Rockero, esta banda madrileña nació en 1980 y durante cinco años contribuyó de una forma divertida y desenfadada a recuperar el rock 'n' roll en nuestro país. El proyecto partió de un ex Pekenikes, el guitarrista Tony Luz, que junto a Josele Marín a la voz y la guitarra, Ramón Peñas al contrabajo y Jorge Ortuño a la batería, grabaron un tema, «Pague como quiera», que es incluido en un disco recopilatorio de maqueta, los que les permitió fichar por Flush!, un sello filial de Hispavox. Convertidos ya en Bulldog, graban un primer EP con tres temas: «Nena de alta tensión», «Don X» y «Manolita Gómez», un tema que se convierte en un éxito gracias a su rock and roll desenfado y su divertida letra. Ese mismo año sacan su primer álbum, *Bulldog*, que contiene otros dos éxitos: «El ingeniero rockero » y «Rock del 600». En 1985 aparece su segundo y último LP, *Swing on the Rock*, en el que lo más interesante son dos versiones: «¡Déjame en paz!», el «Yakety Yak» de The Coasters, y «Teenage Boogie» de Webb Pierce.

Duncan Dhu

En 1984 tres chavales, Mikel Erentxun y dos ex-miembros de Los Dalton, Diego Vasallo y Juan Ramón Viles, desembarcan en Madrid con su banda de rockabilly edulcorado con tintes pop y consiguen grabar dos canciones, «Mi amor» y «Bésame mucho», para un disco recopilatorio del sello GASA. En 1985 sacan un mini LP, *Por tierras escocesas*, que incluye «Cien gaviotas», un tema que les hará famosos y superventas. Dos años después graban *El grito del tiempo* y se convierten en el grupo más famoso del país con su single «Una calle de París». Es entonces cuando se producen los primeros desacuerdos con la discográfica y su productor, Paco Trinidad, con quien rompen relaciones. Tras la marcha de Juan Ramón Viles, el dúo restante edita *Grabaciones olvidadas*, en 1989, el mismo año en que sale al mercado *Autobiografía*, un CD con treinta canciones. A partir de entonces alternan las giras y conciertos multitudinarios con los proyectos personales que emprendieron Erentxun y Vasallo.

★

La Frontera

Banda de difícil encasillamiento que transita por los caminos del rockabilly, el tex-mex, el country-western y el hillbilly. Nacieron en el bar de la facultad de Ciencias de la Información de Madrid y salieron a la luz al ganar el Concurso de Rock Villa de Madrid en 1985, el año en que graban su primer álbum, *La Frontera*, que contiene temas que se hacen populares inmediatamente, como «La ley de la horca», «Pobre tahúr», «Duelo al sol» o «Viva Las Vegas». En 1969 lanzan *Si el whisky no te arruina las mujeres lo harán*,

un LP que contiene uno de sus temas míticos, «Judas el miserable», al que sigue un año después *Tren de medianoche*, que incluye el famoso «Siete calaveras» y en 1989 graban *Rosa de los vientos*, con su popular «Juan Antonio Cortés».

El directo de 1992, *Capturados vivos*, marca el punto de inflexión de su carrera, que a partir de ahí comienza a perder energía. Todavía siguen actuando con buena acogida del público.

Rey Lui

Baloo, el oso de la película de Disney, *El libro de la selva*, de 1967, les dio a un grupo de amigos madrileños allá por finales de los ochenta la idea para el nombre de su grupo de rock 'n' roll y la inspiración para el tema que les hizo famosos, «Quiero ser como tú», un swing, el estilo que bordaban. En 1987 graban su primer mini LP, *Rei Lui*, del que se extrae un single, «El amanecer es como un zumo de naranja», que logra la suficiente aceptación para que sigan grabando los LP *Un nudo en la garganta*, en 1988 y *Velocidad*, en 1990, que contiene «Quiero ser como tú» y que les coloca en la cresta de la ola justo cuando se agudizan los problemas internos y con la discográfica DRO. En 1944 la banda se separa.

Los Brioles

Con una larga trayectoria a sus espaldas, los hermanos Jorge y Daniel Nunes, junto a Trashmike y Javier Bugs, montan en 1987 una banda de rockabilliy, o neo-rockabilly, como se le comienza a llamar en algunos ámbitos. Aunque con algunos cambios en la formación, la banda sigue en activo y se han convertido en una referencia del rock clásico en nuestro país gracias

a discos como *Los Brioles*, 1990, *En medio de la jungla*, 1993, *Train of Tools*, 1998, *Love, Rhythm & Hell*, en 2010, *Down, Down, Down*, en 2012 o *Hit The Floor With...*, en 2015.

★

MonTana

La banda nació en 1986 en el local rocker por excelencia en los años de la movida madrileña, el King Creole, del barrio de Malasaña. Su cantante y guitarrista era Antonio Alcázar, acompañado por Miguel Vega a la guitarra, Alfonso Múgica al contrabajo y Miguel Ángel Guillermo a la batería. Por el grupo también pasaron Salomón Molina, Juke y Alfonso Múgica. En 1989 grabaron su primer disco, *Velas-*

co, con canciones propias. Un año después lanzaron su segundo vinilo, *Un día entre semana* y en 1998 se despidieron del mundo discográfico con *No es fácil vivir así*.

Dinamita pa' los Pollos

En 1986, en un pueblo de Vizcaya, Ortuella, nace uno de los más curiosos experimentos del rock and roll español, una banda que partía del hillbilly para acabar sin saber muy bien dónde, con unos coros chillones a cargo de las Bloody Marys y unas canciones de letra simplona que, contra todo pronóstico, acabaron colocadas en lo más alto de la lista de ventas. En 1989 graban un LP, *Pura Dinamita*, que se convierte en disco de oro y cuyo éxito no se volverá a repetir. Desaparecerán definitivamente en 1993.

56 Hamburguesas

Nacidos en Madrid en plena efervescencia del revival rockabilly, en 1988 editan su primer mini LP con temas como «Ya lo verás», «Nena no me toques mas el tupé» y «Lo pensaré una vez más», que les ganan el favor de la parroquia rocker .

En 1990 publican el LP *¿Y qué?*, y un año después el álbum *Para pasarlo bien*, donde además del rockabilly se dejan arrastrar por los ritmos mexicanos y el country. A partir de ahí, sus componentes se separan para integrarse en distintas bandas.

Rock & Bordes

Rockabillys de la cabeza a los pies, los músicos valencianos Rockin' Pauly, 'Be Bop' Nando y Paco Seguí grabaron su primer mini LP, *Dios de mí se olvidó*, en 1988, con el que consiguen un importante éxito en el circuito rocker, incluso más allá de nuestras fronteras y actúan en Alemania e Inglaterra. En 1990 lanzan el álbum *Muerte y gloria*, tras el que un año después editan *Al mal tiempo buena cara*, que por su aproximación a géneros como el swing o el psicobilly, es acogido con recelo por buena parte del publico más aficionado. En 1992 regresan al rockabilly más tradicional con *Las cosas claras*, pero las ventas no vuelven a ser las mismas y deciden separarse.

Jambalaya

El pianista Enrique Santos comienza a actuar en locales de Madrid hacia 1988 y en 1990 monta el grupo Jambalaya, en homenaje al tema de Hank Williams. Al año siguiente editan *Esto sí que es rock and roll*, un EP que les permite dar el salto a grabar un LP completo, *Tratado de estrecheces*, en 1992. Enrique, convertido ya en Kike Jambalaya, es contratado por un programa de televisión para hacer de músico de acompañamiento en directo y se hace tremendamente popular. Pone su piano al servicio de las estrellas del rock 'n' roll que actúan en España, como Sleepy LaBeef, y siguen montando grupos paralelos dedicados el rock clásico, al swing y al blues.

The Big Jamboree

Tras pasar por nombres como Chevy & the Hot Wheels o Big Frank Jamboree, acaban en The Big Jamboree, con el que en 2001, tras una década tocando en directo, graban su primer disco, *New Times Old Stuff*, con Mike G. Garro a la voz. Pasarán diez años hasta que graben su segundo disco, *Bang!*, esta vez con Agustí Burriel cantando. Convertidos en una banda de referencia en Barcelona, practican un exquisito repertorio de swing, boogie, rhythm & blues y rock 'n' roll, que les ha llevado a los festivales más importantes del país, aunque se prodigan menos de lo que su público desea y todos sus componentes tienen proyectos paralelos.

Nu Niles

Mario Cobo, Iván Kovacevic y Blas Picón comenzaron en 1996 practicando un rock and roll estricto y genuino que les llevó a actuar en las más importantes citas europeas y norteamericanas de rockabilly. Han colaborado con primeras figuras del género como Mitch Woods, Kim Lenz o Little Rachel. En 1998 grabaron su primer álbum, *Haircut Boogie*, al que siguió un año después *Good Luck, Good Friends & Good Rockin*. En el 2000 lanzan un EP, *El Tren de la Costa*, dos años más tarde un nuevo álbum, *Get Set… Go*, y en 2005 editan *Destination Now*, un disco que recibe unas críticas excepcionales y que sitúa a la banda entre lo más destacado del rock 'n' roll español en los últimos tiempos. Tras registrar en 2009 *El crujir de tus rodillas* y *Sin rendición*, en 2011 graban el que sería su despedida oficial, aunque en 2015 han vuelto a renacer para grabar con Loquillo su último LP, *Código Rocker*.

50 imprescindibles del rock and roll

Fat a Man, Fats Domino
Imperial, 1949
El predecesor más inmediato del rock and roll fue este pianista de Nueva Orleans que proyectó su carrera a partir de este tema, considerado por muchos el principal proto rock 'n' roll.

Rocket 88, Jackie Brenston and His Delta Cats
Ches Records, 1951
Considerado por muchos como el primer rock 'n' roll, este rhythm & blues fue grabado originalmente en Sun Records por Delta Cats, que en realidad eran los Kings of Rhythm de Ike Turner.

Rock Around the Clock, Bill Haley and His Comets
Decca Records, 1954
Oficialmente es el primer rock and roll de la historia y su aparición en la película *Blackborad Jungle* (*Semilla de maldad*) llevó el nuevo género musical hasta el último rincón del planeta.

That's All Right, Elvis Presley
Sun Records, 1954
La primera canción de Elvis Presley que salió al mercado era un blues de Arthur Cudrup que cuatro años antes había popularizado Big Mama Thorton, una de las más grandes blueswomen.

I'm a Man, Bo Diddley
Checker (Chess Records), 1955
Este tema se lanzó como cara B del primer single de Diddley, pero no sólo se convirtió en un éxito, sino que trascendió el rhythm & blues para acercarlo más que nunca al rock & roll, al que aportó un nuevo estilo.

Tutti Frutti, Little Richard
Specialty, 1955
Obsceno, salvaje e hipnotizante, el primer tema del escandaloso Little Richard supuso la primera muestra indomeñable del nuevo estilo y su estribillo se convirtió en sinónimo de rock and roll.

Rock Island Line, Lonnie Donegan
Decca, 1955
El rey del skiffle, un género nacido en Inglaterra, grabó en los cincuenta este tema tradicional del folk norteamericano, con un sonido que marcaría a los grupos británicos que propiciaron el resurgir del rock and roll de finales de los setenta.

Bigelow 6-200, Brenda Lee
Decca, 1956
La niña prodigio del rock and roll grabó este soberbio tema cuando tenía sólo doce años, como cara B de su primer single, «Jambalaya», convirtiéndose ambos en un éxito fulminante.

Blue Suede Shoes, Carl Perkins
Sun Records, 1956
Un muchacho que le daba más importancia a sus zapatos que a su novia le sugirió a Perkins la idea para crear uno de los temas más versionados del rock and roll.

Heartbreak Hotel, Elvis Presley
RCA-Víctor, 1956
El primer número uno de Elvis en la lista de pop del *Billboard* estaba inspirado en un viejo blues que hablaba de corazones rotos y solitarios y supuso el inicio de la etapa estelar del Rey después de Sun Records

Come On Baby, Jo Ann Campbell
Eldorado,1956
Una composición propia de La Bomba Rubia que sirvió para convertirla en la cara femenina más conocida de los primeros años del rock 'n' roll.

Unchained Melody, Gene Vincent
Capitol, 1956
Vicent y sus Blue Caps son los responsables de una de las versiones más sentidas y menos almibaradas de este clásico compuesto en 1955 por Alex North y Hy Zaret.

Louie, Louie, Richard Berry
Flip, 1956
Las añoranzas de un pescador jamaicano que regresa a casa para ver a su mujer son la base de este único éxito de Richard Berry, cuya versión más conocida es la que hicieron The Kinks.

Be-Bop-A-Lula, Gene Vincent
Capitol, 1956
Lula, la chica de los vaqueros rojos, la reina de las adolescentes, es la protagonista de este mito del rock que Vincent compuso junto a su amigo Donald Graves mientras se reponía en un hospital de un accidente de moto.

Ooby Dooby, Janis Martin
RCA-Victor, 1956
Un tema original de Roy Orbison fue el culpable de que una adolescente de Virginia se convirtiese en la reina del rockabilly, logrando escurrirse de la etiqueta de Elvis femenina que quisieron colgarle desde el principio.

Bye Bye Love, The Everly Brothers
Cadence, 1957
Esta canción compuesta por un matrimonio, Felice y Boudleaux Bryant, llevó a la fama a dos hermanos, los Everly Brothers, que sin haberlo preparado se convirtieron en la avanzadilla del pop británico.

Susie-Q, Dale Wawkins
Checker, 1957
Mucho antes de que Credence Clearwater Revival la hiciese universalmente famosa, esta canción sacó del anonimato a su autor, aunque nunca vería un solo dólar por ella.

Peggy Sue, Buddy Holly
Coral, 1957
Dedicada a la novia del batería de The Crickets, la banda de Holly, se convirtió en una canción absolutamente innovadora dentro del primer rock 'n' roll y fue la cúspide de la efímera carrera de Buddy.

Whole Lotta Shakin' Goin' On, Jerry Lee Lewis
Sun Records, 1957
La canción que elevó a Jerry Lee Lewis a la gloria, fue grabada en una sola sesión, vendió un millón de copias en po-

cos días y provocó un fuerte escándalo por su letra sexualmente explicita, al menos para sus detractores.

Rock-a-Billy Boogie, Johnny Burnette
Coral, 1957
La piedra angular del rockabilly no tuvo en su día la acogida que se merecía y no llegó a entrar en puestos destacados de las listas, pero sigue siendo banda sonora de cabecera de todos los rockers del mundo.

Johnny B. Goode, Chuck Berry
Chess, 1958
El padre negro del rock and roll compuso hace más de medio siglo este himno. Desde entonces, sigue tocándolo en todos los conciertos, casi siempre con jóvenes músicos de ocasión que probablemente fue una de los primeros temas que aprendieron.

Come On Let's Go, Ritchie Valens
Del-Fi Records, 1958
Aunque al principio sólo fue un éxito local, este primer tema lanzó de forma metcórica la carrera del inventor de la canción que alumbró el rock en castellano: «La Bamba».

Rumble, Link Wray
Cadence, 1958
Este tema pionero del sonido de guitarra distorsionada tiene el dudoso honor de haber sido censurado por glorificar la delincuencia juvenil... siendo totalmente acústico.

Yakety Yak, The Coasters
Atlantic, 1958
Esta canción del famoso dúo compositor Leiber & Stoller, que en su letra ilustra el desencuentro generacional, marcó un hito en la historia del rock and roll al permanecer durante siete semanas como número uno de las listas de éxitos.

Summertime Blues, Eddie Cochran
Liberty, 1958
La historia cotidiana de verano adolescente fue uno de los mayores éxitos de Cochran y figura en el puesto setenta y tres de las quinientas mejores canciones de todos los tiempos según la revista *Rolling Stone*.

Let's Have a Party, Wanda Jackson
Capitol, 1958
Esta asilvestrada versión de una canción grabada por su amigo Elvis para una película, le abrió las puertas del Olimpo del rock a esta estrella del country que fue una de las primeras reinas del rockabilly.

It's Only Make Believe, Conway Twitty
MGM, 1958
Esta canción sobre un hombre atrapado en un amor no correspondido llevó al número uno de las listas americanas e inglesas a este sólido cantante que pudo haber sido un segundo Elvis Presley.

Stagger Lee, Lloyd Price
ABC, 1958
Un antiguo blues reconvertido en un potente rock 'n' roll, con una osada letra sobre un asesinato, que arrasó en las listas y convirtió a su interprete en una estrella de un solo éxito.

Chantilly Lace, Big Bopper
Mercury, 1958
La herencia de uno de los primeros showmans del rock que dejó la incógnita de lo que pudo dar de sí su extraordinario talento al morir en el accidente de avión junto a Valens y Holly.

Tequila, The Champs
Challenge,1958
Un cara B que consiguió un premio Grammy para una banda que pasó a la historia gracias exclusivamente a este tema instrumental.

Rebel Rouser, Duane Eddy
Jamie Records, 1958
Un rock instrumental inspirado en una canción gospel fue el primer éxito de un guitarrista que creó escuela con su peculiar estilo, conocido como twang.

Stupid Cupid, Connie Francis
RCA, 1958
Un rock 'n' roll creado por Neil Sedaka que llevó a lo más alto de su popularidad a una adolescente que se convertiría en uno de los primeros iconos musicales de las chicas norteamericanas.

Red River Rock, Johnny & The Hurricanes
Warwick, 1959
Esta versión de la canción tradicional popular, Red River Valley, vendió en su lanzamiento más un millón de copias y sentó las bases del rock instrumental.

Sweet Nothin's, Brenda Lee
Decca, 1959
La reina del rock adolescente se colocó en 1960 en el número cuatro del *Billboard* con este pegadizo y cadencioso tema compuesto por Ronnie Auto.

The Tiwst, Hank Ballard & The Midnighters
Vee-Jay Records, 1959
El ritmo bailable que más beneficios ha proporcionado fue inventado por Hank Ballard, un compositor de gran ingenio, para beneficio de Chubby Checker, un cantante del montón.

Why, Frankie Avalon
Chancellor, 1959
El rey de las baladas románticas adolescentes logró el número uno del *Billboard* con este tema en diciembre de 1959, siendo el último número uno de la década que había visto nacer el rock y avanzando el imperio del pop en la siguiente.

Walk, Don't Run, The Ventures
Dolton Records, 1960
Este tema de jazz completamente transformado es la piedra filosofal del rock surf instrumental y convirtió a The Ventures en sus profetas.

Only The Lonely, Roy Orbison
Monument, 1960
Orbison escribió esta canción a medias con Joe Melson y con un planteamiento orquestal inusual en su momento, que marcó un antes y un después en la evolución del rock 'n' roll.

Apache, The Shadows
Columbia, 1960
Inspirado en el western homónimo dirigido por Robert Aldrich en 1954, colocó con letras de oro en el firmamento del rock a esta banda británica, que hasta entonces sólo era conocida como los acompañantes de Cliff Richard.

Poetry in Motion, Johnny Tillotson
Cadence, 1960
La obra suprema del rock romántico dirigido a adolescentes, tan versionada que prácticamente nadie recuerda que Tolliston fue su autor.

Runaway, Del Shannon
Big Top, 1961
Tras el fracaso de sus primeras grabaciones, Shannon y el teclista de su banda, Max Crook, escribieron este tema

que aguantó cuatro semanas en el número uno del *Billboard* y se convirtió en un éxito internacional.

Suspicious Mind, Elvis Presley
RCA, 1969
Esta canción de amor torturado fue el último número uno del Rey y figura en el puesto noventa y uno de las quinientas mejores canciones de la historia, según la revista Rolling Stone.

Get On, Hurriganes
Marcus Music, 1974
El tema más famoso de esta contundente banda finlandesa, incluido en el álbum *Roadrunner*, probablemente el mejor disco de rock de la historia de su país.

Rockabilly Rebel, Matchbox
Bloomfield, 1979
El tema que lanzó mundialmente a esta banda británica y que puso de moda el rock and roll en Europa a finales de los años setenta.

Marie, Marie, The Blasters
Slash Records, 1981
Este trepidante rock and roll es el mejor ejemplo de la fidelidad a las raíces de una banda que mantuvo el estandarte del género a finales de los setenta y principios de los ochenta en Estados Unidos.

Rock This Town, Stray Cats
Arista, 1981
Llegó al número uno en numerosos países del mundo y convirtió a los Stray Cats en los abanderados de la renovación del rock de los años cincuenta.

Someday, Someway, Robert Gordon
RCA, 1981
La canción que colocó a Robert Gordon en el centro de la cultura rocker de los años ochenta y lo aupó a lo más alto de las listas de éxitos.

Rollin Throught the Night,
Crazy Cavan
Big Beat, 1984
Uno de los exponentes más claros del estilo que practicaba esta banda, su propio 'crazy rhythm', y que fue uno de los soportes del renacimiento del rock and roll en Europa durante los años ochenta.

Can Your Pussy Do The Dog,
The Cramps
Big Beat, 1985
Uno de los cortes más contundentes del álbum *A Date With Elvis*, indudablemente el mejor de estos fundadores del psychobilly.

Johnny Got a Boom Boom,
Imelda May
Ambassador, 2007
El primer single de esta dama irlandesa del rockabilly y la más contundente y particular revisión del género en los albores del siglo XXI.

Bibliografía

Young America. La cultura del rock (1951-1960), Justo Serna & Alejandro Lillo. Silex Ediciones, 2014.

Wild wild party : la glorieuse histoire du rockabilly, D'Elvis aux Cramps, Max Decharne. Rivages Rouge, 2013.

Mystery Train, Greil Marcus. Contra Editorial, 2013.

Culture Rockabilly 1970-2010, Vincent Giordano. Automatique, 2012.

Loquillo: rock & roll star, Jordi García, Miguel Pérez. Martínez Roca, 2012.

Cerveza, chicas y rockabilly. Historia del rock 'n' roll en España, Jesús Martínez Sánchez. Quarentena Ediciones, 2011.

Rockin' Spain. Un viaje al corazón del rock 'n' roll, Varios Autores. Lunwerg Editores, 2011.

Elvis, Estrella de Fuego. El mito del Rock & Roll en Hollywood, Juan Antoni Olias. Diábolo Ediciones, 2011.

Guia Universal del Rock (1954-1970), Jordi Bianciotto. Ediciones Robinbook, 2011.

Johnny Burnette. ¡A todo Rock!, Carlos A. del Bosque. Editorial Milenio, 2011.

Ni rebeldes ni sin causa. El Rock & Roll en el cine (1956-1959), Carlos A. del Bosque. Quarentena, 2011.

That's All Right, Mama, Bertina Henricks, Alianza Editorial, 2010.

Elvis. Último tren a Memphis + Amores que matan, Peter Guralnick. Global Rhythm Press, 2008.

El sonido de la ciudad. Historia del Rock, Charlie Gillett. Ediciones Robinbook, 2008.

Rockers, desterrados de la movida, Lauren Jordán. Editorial milenio, 2008.

50's Rock 'n' Roll - Chord Songbook, varios autores. Paperback, 2007.

El Cadillac de Big Bopper, Jim Dodge. El Aleph, 2007.

Guia del Pop y Rock 50's, Antonio Mendez. Vision Net Editorial, 2007.

Historia del Rock and Roll, Lois Fernández Marcos. Cardeñoso Ediciones, 2006.

Limusinas y estrellas. Medio siglo de rock 1954-2004, Sabino Méndez. Espasa, 2004.

Corre rocker, Sabino Méndez. Espasa, 2004.

Classic Rock of the 50's, varios autores. Sheet Music, 2002.

Elvis Presley, Andrés López Martínez. Cátedra, 1999.

Elvis Presley, Gaspar Fabra. Ediciones Jucar, 1996.

Elvis, el Rey en España. Discografía española (1956-1995), Jorge Martínez, Javier de Castro y Joaquin Luque. Editorial Mileno, 1996.

Jerry Lee Lewis, Luis Lapuente, Ediciones Jucar, 1992.

Buddy Holly, Ramón de España. Ediciones Júcar, 1986.

En la misma colección

Heavy Metal
Andrés López Martínez
Este libro hace un repaso pormenorizado de la historia del heavy metal, destacando las claves del género y las bandas más representativas del panorama internacional, incluyendo aquellas que más suenan en España e Hispanoamérica.

- Metal progresivo: Queensrÿche, Fates Warning y Dream Theater.
- Funk Metal: Living Colour, Primus, Red Hot Chili Peppers, Faith No More.
- Grindcore: Napalm Death, Carcass, Bolt Thrower, Brutal Truth, Extreme Noise Terror.
- Groove Metal: Exhorder, Pantera, White Zombie, Machine Head.

Soul y Rhythm & Blues
Manuel López Poy
Este libro hace un repaso pormenorizado de la historia del soul y el rhythm and blues, destacando cuáles son las claves de un género que ha hecho bailar y emocionarse a media humanidad, así como una amplia selección de sus principales grupos y los álbumes fundamentales que lo componen.

- Los grandes pioneros: Sam Cooke, Ray Charles y James Brown.
- Bajo el sello Stax Records: Otis Redding, Sam & Dave.
- Llega la revolución soul: Aretha Franklin.
- El fenómeno Motown: The Supremes, Gladys Knight & The Pips.
- El neo soul: Amy Winehouse, Erykah Badu, Jill Scott.

En preparación dentro de la colección Guías del Rock & Roll

Reggae

Rock progresivo

Rock sinfónico

Glam Rock

Hard Rock

Rock alternativo

Punk